JANGUIÊ DINIZ

PREFÁCIO DE CHAIM ZAHER

OBSTINAÇÃO

As estratégias do ex-engraxate, dez anos depois de entrar na lista da *Forbes*, para transformar cada vez mais empresas em negócios bilionários

Gente
editora

Diretora
Rosely Boschini

Gerente Editorial
Rosângela de Araujo Pinheiro Barbosa

Editora
Juliana Fortunato

Assistente Editorial
Camila Gabarrão

Produção Gráfica
Leandro Kulaif

Capa
Camila Gabarrão

Montagem de Capa
Vanessa Lima

Projeto Gráfico e Diagramação
Linea Editora

Revisão
Bianca Maria Moreira

Impressão
Grafilar

CARO(A) LEITOR(A),
Queremos saber sua opinião sobre nossos livros.
Após a leitura, siga-nos no **linkedin.com/company/editora-gente**, no TikTok **@editoragente** e no Instagram **@editoragente** e visite-nos no site **www.editoragente.com.br**.
Cadastre-se e contribua com sugestões, críticas ou elogios.

R. Dep. Lacerda Franco, 300 – Pinheiros
São Paulo, SP – CEP 05418-000
Telefone: (11) 3670-2500
Site: www.editoragente.com.br
E-mail: gente@editoragente.com.br

Dados Internacionais de Catalogação na Publicação (CIP)
Angélica Ilacqua CRB-8/7057

Diniz, Janguiê
Obstinação : as estratégias do ex-engraxate, dez anos depois de entrar na lista da Forbes, para transformar cada vez mais empresas em negócios bilionários / Janguiê Diniz. – São Paulo : Editora Gente, 2025.
336 p.

ISBN 978-65-5544-608-1

1. Empreendedorismo 2. Negócios I. Título

25-1284 CDD 658.4012

Índice para catálogo sistemático:
1. Empreendedorismo

Nota da Publisher

Há uma qualidade silenciosa que separa os que sonham dos que realizam: a capacidade de continuar. Continuar quando não há aplauso e quando o caminho exige desapego, decisões impopulares e coragem de recomeçar. Continuar mesmo quando tudo parece dizer que já foi suficiente. Essa persistência não nasce do acaso, ela vem de uma escolha íntima, diária – quase teimosa – de fazer dar certo. E é nesse terreno, entre a dúvida e a ação, que surgem os verdadeiros construtores de legados.

Obstinação é uma obra que registra os sucessos, assim como as dores, os bastidores, as escolhas difíceis e as decisões corajosas de uma década inteira da vida de Janguiê Diniz. Este livro não trata de resultados, e sim de jornada. Ao relatar experiências dos últimos dez anos, Janguiê nos mostra que o sucesso não é um ponto de chegada, mas uma construção diária alimentada por disciplina, clareza de propósito e, principalmente, obstinação.

Acompanhar o percurso de Janguiê é presenciar um exemplo raro de coerência entre discurso e ação. Ele não fala sobre transformação: ele a vive, diariamente. Essa autoridade não vem de teorias, mas da experiência concreta de quem saiu de uma infância simples, tornou-se jurista, empresário, autor, mentor e, mais do que tudo, alguém que segue se reinventando aos 60 anos como se estivesse apenas começando. Janguiê tem um compromisso verdadeiro com o impacto – e é isso que torna esta leitura tão valiosa para quem deseja crescer com consistência e gerar transformação real no mundo.

A você, leitor, deixo aqui um convite generoso: mergulhe neste livro com calma, coragem e curiosidade. Inspire-se com as conquistas e, acima de tudo, permita-se observar como cada recomeço pode ser ainda mais potente do que o começo original. Afinal, quem tem obstinação nunca para. Boa leitura!

ROSELY BOSCHINI
CEO e Publisher da Editora Gente

Dedico este livro a todos que fizeram parte dessa jornada transformadora, oferecendo apoio, habilidades, energia e visão. Em especial, à minha esposa Sandra, a meus filhos Thales, Elora e Mel; e à minha equipe – Jânyo Diniz, Joaldo Diniz, Rodrigo Alves, Adriano Azevedo, Simone Bergamo, João Aguiar, Paulo Chanan, José Alberto, Herbert Steinberg, Francisco Barreto, Habib Bichara, Flávio Luz, Marcio Santos, Carol Figueiredo, Mirella Ribeiro e tantos outros –, cuja competência, dedicação e compromisso inabaláveis foram fundamentais para as conquistas que alcançamos ao longo dessa trajetória.

Sumário

Prefácio 9
Apresentação 13

CAPÍTULO 1 Pedido de exoneração do cargo de procurador do Trabalho no Ministério Público da União 19

CAPÍTULO 2 Jornada de abertura de capital do Ser Educacional 37

CAPÍTULO 3 Rumo a uma nova era para o Grupo Ser Educacional 67

CAPÍTULO 4 Fundação da Epitychia 93

CAPÍTULO 5 Eventos familiares 139

CAPÍTULO 6 São Paulo: a decisão que mudou nossas vidas 157

CAPÍTULO 7 O cargo de presidente da ABMES 165

CAPÍTULO 8 Criação do Instituto Êxito de Empreendedorismo 177

CAPÍTULO 9 A era digital 199

CAPÍTULO 10 Quando respostas tradicionais não são suficientes 205

CAPÍTULO 11 Apostando alto na mansão do Morumbi 217

CAPÍTULO 12 A arte de ensinar e mentorar 227

CAPÍTULO 13 Imersões e mentorias transformando vidas e escalando empresas: a Masterclass Mente Milionária 247

CAPÍTULO 14 Jornada literária: 10 anos transformando vidas 285

CAPÍTULO 15 Origem da JD Business Academy 309

CAPÍTULO 16 Reflexões pessoais e planos futuros 319

Prefácio

Escrever sobre Janguiê Diniz é, antes de tudo, falar sobre determinação, coragem e visão. Ao longo dos anos, tive a oportunidade de conhecer muitos empresários e líderes do setor educacional, mas poucos têm uma trajetória tão inspiradora e singular quanto ele. Janguiê é um daqueles casos raros de pessoas que transformam a própria história e, ao fazerem isso, mudam a vida de milhares de outras pessoas.

Janguiê Diniz, assim como eu, é uma prova de que nada está perdido, nunca. Sempre dá. Sempre é possível. E só é assim, acredite, pelo poder da educação combinada com a obstinação, palavra que dá título a este livro. A educação transformou o obstinado Janguiê, que, por sua vez, transforma todos os dias outras pessoas, incluindo você, a partir da leitura a seguir. Trata-se de uma verdadeira corrente do bem, que não tem volta.

Quando alguém "dá certo na vida", há vários caminhos possíveis. Janguiê optou pelo mais valioso deles: servir de inspiração para que mais gente dê certo. Essa escolha ousada e corajosa provoca em mim um profundo respeito por ele, por quem continuo sendo transformado. Janguiê é único, impactante e realmente inspirador.

Como um engraxate se torna um empresário de sucesso? Como uma pessoa sem, aparentemente, perspectivas e oportunidades consegue chegar aonde Janguiê chegou? É claro que não existe receita pronta. Mas a história de Janguiê por si só nos apresenta um monte de pistas. É como se, com a própria vida, ele fosse nos repetindo a todo instante: "Acredite, não pare, vá, prossiga, adiante, não desista, tente de novo, vamos...".

Eu tenho a honra de ser testemunha do que você vai ler nas próximas páginas. A cada capítulo, fica a constatação de que não bastam somente a sabedoria, o conhecimento, as letras e os números. É preciso perseguir a obstinação com uma teimosia sadia. Janguiê, teimoso que é, não para de nos inspirar. Nunca parou nem vai parar. Ainda bem.

Tenho um profundo respeito e admiração por essa jornada. De uma infância simples no interior do Nordeste até a construção de um império educacional, a trajetória de Janguiê é um exemplo de superação e resiliência. Mas o que mais impressiona é que, depois de construir um dos maiores grupos educacionais do país, ele tomou uma decisão que poucos teriam a coragem de tomar: deu uma guinada na vida, seguiu novos caminhos, reinventou-se.

Janguiê poderia ter seguido um roteiro tradicional, mas optou por algo diferente. Escolheu viajar o mundo, dar palestras, inspirar jovens empreendedores e preparar futuros líderes. Criou iniciativas que impactam não apenas empresários, mas também jovens de escolas públicas por meio do instituto, oferecendo cursos, oportunidades e um novo horizonte para quem sonha grande.

A coragem de Janguiê Diniz é algo raro. Poucos teriam o desprendimento de se reinventar de maneira tão ousada, deixando para trás o conforto do previsível para abraçar novos desafios. O estilo dele é ímpar, a visão vai além do convencional e o compromisso com a educação e o empreendedorismo permanece inabalável.

Admiro e respeito meu parceiro da lista da *Forbes*. Sei que, onde quer que esteja, Janguiê continuará transformando vidas e inspirando gerações. Ele segue na liderança da educação com o Ser Educacional, mas também trilha novos caminhos, equilibrando projetos profissionais e pessoais com a mesma paixão que sempre o moveu.

Janguiê Diniz é único. E este livro é mais uma prova disso.

Chaim Zaher
Fundador e CEO do Grupo SEB

Apresentação

Que é, pois, o tempo? Se ninguém me pergunta, eu o sei; mas se me perguntam, e quero explicar, não sei mais nada.

Agostinho de Hipona[1]

Vivemos entre dois tempos: Cronos e Kairós. Cronos é aquele que dita compromissos, conta os minutos e empurra os dias para frente sem jamais olhar para trás. É o tempo que avança implacável, transformando o presente em passado antes que possamos segurá-lo. Já Kairós não se mede em números. Ele existe nos momentos em que a vida parece suspensa, nos instantes que carregam significado e permanecem vivos dentro de nós. Cronos nos lembra do que foi; Kairós nos marca pelo que é. Um corre, o outro nos transforma.

O que e quanto cabe em dez anos? Cabe uma vida. Cabem inúmeros sonhos – alguns realizados, outros esquecidos. Cabem vitórias, perdas, alegrias e decepções. Uma década pode

---

1 SANTO AGOSTINHO. **Confissões**. São Paulo: Penguin-Companhia, 2017.

ser pouco tempo para certas coisas, mas tempo mais do que suficiente para outras.

Em apenas dez anos, o mundo viveu transformações radicais. Entre 1960 e 1970, o homem saiu da Terra e pisou na Lua. Entre 1989 e 1999, assistimos à queda do Muro de Berlim e ao surgimento da internet comercial.

Se pensarmos no tempo, dez anos contemplam 120 meses, 3.652 dias, 87.648 horas, 5.258.880 minutos ou 315.532.800 segundos. Se pensarmos em distância, em dez anos um facho de luz percorre, no vácuo, 94,6 trilhões de quilômetros. Tudo isso é pouco ou muito? A resposta cabe a cada um. O filósofo Sêneca escreveu que "não recebemos uma vida curta, mas a fazemos curta ao desperdiçá-la".[2] O modo como vivemos cada década define o valor que ela tem. Dez anos podem ser pouco para quem os vê passar, mas para quem os aproveita plenamente são suficientes para deixar marcas profundas.

Afirmo com certeza: dez anos são suficientes para fazer muita coisa, mas pouco para percorrer toda a trajetória que desejo em vida e realizar meus maiores sonhos. Em dez anos, uma pessoa nasce, cresce e chega à pré-adolescência. Passa por uma série de mudanças corporais, internas e externas. Desenvolve a capacidade intelectual, a personalidade e as bases da ética e da moral.

Do mesmo modo, uma década é um tempo ínfimo se comparada à idade do planeta Terra, por exemplo: aproximadamente 4,5 bilhões de anos. A noção do tempo – que, por tantas vezes,

---

[2] SÊNECA. **Sobre a brevidade da vida**. São Paulo: Penguin-Companhia, 2017.

atormenta-nos e nos faz refletir – é elástica e depende de como a encaramos.

Quando decidi começar a registrar minhas memórias no primeiro livro *Transformando sonhos em realidade: a trajetória do ex-engraxate que chegou à lista da Forbes*, adotei uma premissa: se naquela obra relatei os principais acontecimentos até então, lançaria uma atualização a cada dez anos. A edição inicial foi publicada durante as comemorações de meus 50 anos, em 21 de março de 2014.

Este segundo volume, que você tem em mãos, foi publicado durante meus 60 anos. Nele, faço um resumo de minha história entre o fim de 2014 e de 2024. Continuarei escrevendo novos livros autobiográficos a cada década: aos 70, 80, 90 e, se Deus assim permitir, aos 100 anos. Porque acredito que dez anos são tempo suficiente para fazer muita coisa e conquistar o mundo.

Mais do que isso: quem me conhece já deve ter me ouvido falar que estou começando minha vida empreendedora agora. E é verdade. Para mim, sempre estarei começando e recomeçando, porque os fins dos recomeços podem ser muito melhores do que o fim de certos começos.

E esta é a principal razão pela qual quero lançar um novo volume biográfico a cada década: registrar os começos e recomeços, as novas experiências, as quedas, os fracassos, as conquistas e os ensinamentos obtidos no período. Quando a coleção contemplar cinco volumes ao todo, terei um compilado de toda minha vida. Espero que isso possa servir como motivação e inspiração para as novas gerações de empreendedores obstinados, tanto na vida quanto nos negócios.

Este livro também serve, em uma esfera mais pessoal, como um comparativo para mim. Permite-me confrontar o quanto realizei década a década, de modo a saber se tenho evoluído ou regredido – é claro, sem que isso se torne uma paranoica necessidade de autossuperação constante. Mas acho proveitoso ter a possibilidade de checar o quanto caminhei e, mais do que isso, reafirmar minha capacidade de continuar fazendo mais e mais.

Se, quando escrevi e publiquei o primeiro volume de *Transformando sonhos em realidade*, em 2014, narrei as principais dificuldades do início de minha vida, tendo saído do interior da Paraíba para ganhar o Brasil e transformar a realidade de pobreza de minha família em uma situação mais confortável; agora, na continuação, meu foco são as oportunidades que aproveitei para dar seguimento à materialização de meus sonhos grandes, à expansão de meus negócios empresariais e à inspiração para ajudar a transformar a vida de milhares de empreendedores obstinados.

Ao terminar a redação deste livro, pude contemplar o quanto é possível fazer em dez anos. Indo além, constatei que esses dez anos não seriam possíveis sem tudo que vivi nos cinquenta anteriores. De fato, a percepção do tempo é variável. Como disse o teólogo e escritor Leonardo Boff, "todo ponto de vista é a vista de um ponto".[3]

---

[3] BOFF, L. **A águia e a galinha**: uma metáfora da condição humana. São Paulo: Vozes Nobilis, 2017.

Isto posto, quero propor a você, que me prestigia, o mesmo exercício. Primeiro, não pare. Essa é a maior premissa que você precisa ter em mente para alcançar o sucesso, a riqueza financeira e até mesmo a prosperidade. Idade é apenas um número. Quanto mais o tempo passa, melhores nos tornamos em inúmeros quesitos – a experiência é, de fato, uma bênção. Segundo, busque sempre mais. Você é capaz de realizar tudo aquilo que desejar, desde que tenha um anseio ardente, sinta-se merecedor, programe-se mentalmente, prepare-se e tenha propósitos para tal.

Pense grande, sonhe grande, pois, só assim, realizará grandes coisas. Mas tenha sempre em mente que a realização de coisas grandes demanda grandes sacrifícios, pois "só o grande alcança o grande". Por último, ajude o próximo. Aqui, não me refiro a fazer caridade – embora isso também seja importante –, mas à ajuda emocional e intelectual. O filósofo grego Aristóteles escreveu sobre a virtude da generosidade, defendendo que devemos não apenas ajudar os outros com nossas riquezas, mas também com nosso tempo e nossa sabedoria, para criar uma sociedade mais justa e sábia.

Compartilhe conhecimento, experiências e sabedoria; motive, inspire, deixe um legado. Assim, você estará, sem dúvidas, transformando sonhos em realidade; não só os seus, mas de outros obstinados também.

Logo, firme o passo, pegue o ritmo, tenha uma ótima leitura e seja obstinado, como eu, que dá!

CAPÍTULO 1

Pedido de exoneração do cargo de procurador do Trabalho no Ministério Público da União

> **A segurança é mais uma superstição do que uma realidade. A vida é uma aventura ousada ou nada.**
>
> *Helen Keller*[4]

Desde o início de minha trajetória, entendi que a vida é uma sequência de batalhas que desafiam nossa capacidade de superação. Sou filho de pais que não tiveram a oportunidade de estudar. Primeiro, a educação e, depois, o empreendedorismo me deram a chance de mudar minha vida, minha história e meu destino – e, consequentemente, o de toda minha família, incluindo meus pais e meus sete irmãos.

Fundar o Grupo Ser Educacional foi um marco em minha vida, assim como ingressar na Magistratura Federal do Trabalho

---

4 KELLER, H. **The Open Door a Sense of Life**: Selections From the Writings of Helen Keller. Nova York: Doubleday, 1957.

e, depois, no Ministério Público do Trabalho. Como em qualquer jornada, nem tudo foi tranquilo.

Em 1992, fui aprovado no cargo de juiz federal do Trabalho do Tribunal Regional do Trabalho (TRT) da 6ª Região, em Pernambuco. No entanto, permaneci no cargo apenas até dezembro de 1993, quando pedi exoneração. A decisão foi motivada pelo desejo ardente de ingressar no empreendedorismo educacional, algo que seria inviável caso tivesse de morar em cidades do interior de Pernambuco, como exigia a função. Por esse motivo, optei por deixar aquele honroso cargo de magistrado.

Ao ingressar no empreendedorismo educacional e fundar o Grupo Ser Educacional, em agosto de 2003, com a criação da Faculdade Maurício de Nassau, em Recife – que se tornou o embrião do grupo –, assumi uma missão clara: tornar a educação superior acessível e de qualidade para todos. Naquele momento, ainda exercia o cargo de procurador do Trabalho no Ministério Público da União, em Pernambuco, após ter sido aprovado em um desafiador concurso público, em 1993.

Minha atuação simultânea como procurador do Trabalho e empreendedor educacional, ainda que na qualidade de sócio cotista – algo que, até hoje, a lei permite –, trouxe desafios e responsabilidades paralelas, que abracei com toda a seriedade. Em 2008, as complicações começaram a surgir.

Por denúncias de colegas do próprio órgão, foi instaurado um processo administrativo contra mim, com o argumento de que eu estava acumulando o cargo de procurador do Ministério Público da União com a função de empresário. Contudo, a Lei Orgânica Nacional do Ministério Público da União, em consonância com a Constituição Federal da República, é unânime em afirmar que "é vedado ao membro do Ministério Público da União: (...) exercer o comércio ou participar de sociedade comercial, **exceto como cotista ou acionista**" (grifo meu).[5]

Mesmo sendo apenas acionista da empresa, sem envolvimento direto na gestão – exercida, desde a fundação da empresa até hoje, por meu irmão Jânyo Janguiê Diniz, que ocupa o cargo de CEO (presidente) –, fui acusado no processo administrativo de exercer influência nas operações do Grupo Ser. Foi a gota d'água. Decidi pedir, voluntariamente, a exoneração do cargo de procurador regional do Trabalho do Ministério Público da União, posição que conquistei por meio de concurso público nacional. Após muito estudo e trabalho, fui aprovado em 11º lugar entre quase 9 mil candidatos. A decisão foi difícil, mas crucial e importante.

Com a publicação da exoneração, assumi a função de *chairman* (presidente do Conselho de Administração) do Grupo Ser Educacional. Nos anos seguintes, concentrei todas as minhas forças e energias na expansão da empresa, que não apenas prosperou, mas também se consolidou como uma das melhores instituições educacionais do Brasil.

---

5 BRASIL. Lei Complementar n. 40, de 14 de dezembro de 1981. Institui a Lei Orgânica do Ministério Público. **Diário Oficial da União**, Brasília, DF, 16 dez. 1981.

Janguiê Diniz no TRT, como procurador-chefe regional. Fonte: arquivo pessoal.

A expansão do Grupo Ser Educacional

Tomar a decisão de me afastar do Ministério Público e me dedicar inteiramente ao Grupo Ser Educacional foi um passo transformador, tanto no âmbito pessoal quanto no profissional. Com essa mudança, minha visão se expandiu, e o horizonte de possibilidades para o grupo se tornou ainda mais amplo. A missão e a visão eram claras e ambiciosas: democratizar o acesso à educação de alta qualidade, ultrapassando as fronteiras estaduais e alcançando uma escala nacional. Para isso, era necessário adotar estratégias inovadoras e contar com uma equipe de talentos profundamente engajada e alinhada à missão, à visão, aos objetivos e aos valores do grupo.

As estratégias para a expansão começaram com uma análise detalhada das necessidades educacionais em diversas regiões do Brasil. Isso envolveu uma série de estudos de mercado e discussões com especialistas em educação, a fim de entender como o Grupo Ser poderia atender às demandas específicas de cada localidade. A ideia era expandir de maneira que, realmente, adicionasse valor aos estudantes atendidos e às comunidades em que o grupo estivesse presente.

Com o planejamento estratégico definido, começamos a implementar mudanças estruturais significativas, desde a reformulação curricular dos cursos existentes até a adoção de novas tecnologias educacionais, assegurando que tanto a infraestrutura quanto os conteúdos oferecidos estivessem alinhados com as melhores práticas e inovações do setor educacional global.

Novos voos com a EaD

A implementação das tecnologias de ensino na modalidade a distância (EaD) foi um dos pilares dessa expansão, permitindo-nos, assim, superar as limitações geográficas e oferecer cursos de qualidade para estudantes que, de outra maneira, não teriam acesso à educação superior devido à distância ou a restrições de mobilidade. Esse impacto foi especialmente relevante em regiões mais isoladas, nas quais a oferta educacional presencial é limitada ou até inexistente.

Para garantir a eficácia desse modelo de ensino, investimos pesadamente na capacitação de professores e na tecnologia de plataformas de aprendizagem. O corpo docente foi treinado não apenas nas disciplinas que ministravam, mas também em metodologias de ensino on-line, o que incluía desde técnicas de engajamento a distância até o uso efetivo de ferramentas tecnológicas para maximizar a aprendizagem dos alunos.

O crescimento físico também foi impressionante. Novas unidades foram inauguradas em vários estados, desenhadas especialmente para refletir os valores e a identidade do Grupo Ser ao mesmo tempo em que se adaptavam às particularidades culturais e educacionais de cada região. Essas novas instalações foram equipadas com laboratórios de última geração, bibliotecas amplas e espaços de aprendizagem colaborativos, todos voltados para incentivar a criatividade e a inovação.

Os programas educacionais oferecidos nessas unidades foram concebidos para proporcionar uma formação acadêmica sólida, assim como preparar os estudantes para o mercado de trabalho. Isso incluiu a criação de parcerias com empresas locais e nacionais, oferecendo aos alunos oportunidades de estágio e emprego após a conclusão dos cursos.

O impacto dessa expansão não tardou a se manifestar. As novas unidades ganharam, rapidamente, reconhecimento pela qualidade e acessibilidade dos cursos oferecidos. Histórias de sucesso de nossos alunos começaram a surgir, reafirmando a missão do grupo de transformar vidas por meio da educação.

Essa fase de crescimento também trouxe desafios. Cada nova unidade exigia uma grande operação logística, que ia da construção e reforma de instalações ao recrutamento e treinamento de novos funcionários. Além disso, era fundamental garantir que cada nova escola mantivesse o alto padrão de qualidade que é marca registrada do Grupo Ser.

Ao refletir sobre essa jornada de expansão, é impossível não sentir um profundo senso de realização. Cada desafio superado, cada novo aluno matriculado, cada história de sucesso vindoura são testemunhos do impacto positivo que o Grupo Ser Educacional continua a ter na educação brasileira. Nosso compromisso com a excelência educacional e com a transformação social permanece firme e continuará a guiar todos os nossos passos futuros.

Retorno das acusações

Em meio ao sucesso e ao crescimento contínuo do Grupo Ser Educacional, um acontecimento inesperado abalou as estruturas que tanto esforço havia custado para construir.

Cinco anos depois da criação do grupo, em um dia que deveria ser de celebração – estava lançando um de meus 36 livros, especificamente *O poder da política e da politicagem*. Logo após a publicação de uma notícia em um jornal de grande circulação anunciando a possibilidade de minha candidatura ao cargo de senador da República por Pernambuco, o Ministério Público Federal decidiu desarquivar o processo e ajuizou contra mim, na Justiça Federal, uma ação civil pública, acusando-me de "acumulação de cargo de procurador com o cargo de empresário".

Não se sabia qual era o objetivo disso, considerando que eu não fazia mais parte do Ministério Público.

A notícia foi divulgada à imprensa pelo Ministério Público Federal de modo alarmante e sensacionalista, causando um impacto negativo imediato, tanto pessoal quanto profissional. As acusações ressurgiram em um momento em que o Grupo Ser estava se consolidando como uma referência em educação de qualidade e acessibilidade.

Parecia inconcebível que, após tanto tempo, acusações sem novas evidências voltassem à tona, ameaçando não apenas minha reputação, mas também a integridade de todo o grupo educacional que havíamos trabalhado arduamente para estabelecer.

A situação exigiu uma pausa para profunda reflexão. Questionava-me constantemente sobre os motivos do retorno das acusações, mesmo após meu pedido de exoneração, considerando o longo intervalo de tempo. A investigação que levou à minha saída do cargo havia sido arquivada anos antes, por perda do objeto. Desde então, nada ocorreu que justificasse a reabertura do caso.

Era impossível não perceber a sombra de uma motivação política ou de interesse em manchar minha imagem e a do grupo. Esse tipo de perseguição não era apenas um ataque pessoal, também configurava um atentado contra uma instituição comprometida em melhorar a vida de milhares de pessoas por meio da educação – o que tornava a situação ainda mais grave e dolorosa.

Nesse contexto, o apoio de minha equipe e da comunidade educacional foi fundamental. Muitos se levantaram em minha defesa, reconhecendo o trabalho e a dedicação investidos no grupo. Foi um período de mobilização no qual a solidariedade e o suporte mútuo se mostraram essenciais para superar as adversidades.

Com o ajuizamento da ação, tornou-se necessário montar novamente uma defesa jurídica robusta. Reunimos um time de advogados competentes e dedicados para revisar o caso e preparar uma resposta à altura das exigências do processo. Cada detalhe da acusação foi minuciosamente analisado e cada evidência, revisada. Isso garantiu que nossa posição fosse bem fundamentada e amplamente defendida.

Defendi minha integridade com o apoio de ex-colegas que conheciam a verdade e de excelentes advogados, como a renomada jurista Luciana Browne, responsável pelo caso, a quem presto justa homenagem. O processo foi exaustivo, mas a justiça prevaleceu. Como prova de minha veracidade, a ação judicial sequer foi aceita pelo juiz de primeiro grau. Da mesma maneira, não foi reconhecida em segundo grau no Tribunal Regional Federal, no qual ganhamos por unanimidade. Na terceira instância, ou seja, no Superior Tribunal de Justiça (STJ), a vitória também foi unânime, com o voto de todos os ministros da Turma Julgadora. As acusações foram rejeitadas em todas as instâncias judiciais, com decisões que evidenciaram a ausência de fundamentos para as alegações.

Durante esse período, cada dia era um misto de determinação e ansiedade. Sabia que não podíamos permitir que falsas acusações prejudicassem o futuro de tantos alunos e profissionais que dependiam do Grupo Ser Educacional para a própria formação e desenvolvimento profissional. A luta era, portanto, não só minha, mas também de todos que acreditavam no projeto educacional que representávamos.

Enquanto o processo legal seguia o curso, fiz questão de manter o foco na missão educacional do grupo. Não permitiria que as acusações interferissem na qualidade do ensino ou nos projetos de expansão que estavam em andamento. Era essencial garantir que o impacto dessa situação fosse o mínimo possível sobre o funcionamento de nossas instituições.

A cada reunião com advogados, a cada revisão de documentos, reforçava para mim mesmo a importância de manter a calma e a perspectiva. Apesar do estresse e da preocupação constantes, era fundamental manter a serenidade para tomar decisões acertadas. O suporte de minha família, nesse contexto, foi meu grande alicerce, oferecendo a estabilidade emocional e o conforto necessários para enfrentar os desafios que se apresentavam.

Enquanto o caso se desenrolava nos tribunais, continuei a advogar não apenas por minha inocência, mas também pela integridade de nosso projeto educacional. Palestras, reuniões com stakeholders, discussões com educadores e alunos faziam parte de meu dia a dia.

Eventualmente, a verdade começou a prevalecer. À medida que o processo avançava, ficava cada vez mais evidente para o judiciário e para a opinião pública que as acusações eram meramente políticas e desprovidas de fundamento. Esse reconhecimento, embora gradual, foi um sinal de que a justiça ainda preservava a capacidade de discernir a verdade, mesmo em casos complexos e permeados por interesse político. Ao final do processo, o alívio de ver as acusações sendo desconsideradas em todas as instâncias judiciais foi imenso – por mim e por todos que faziam parte do Grupo Ser Educacional.

Com esses episódios, aprendi que a verdade sempre prevalece e que a integridade, mesmo sob intenso escrutínio, é uma fortaleza inabalável. Ao olhar para trás, percebo que cada desafio enfrentado se transformou em uma oportunidade para fortalecer meu caráter, reforçar meus princípios e reafirmar minha dedicação ao trabalho que me propus a fazer. Após a resolução do caso, era hora de olhar para o futuro com renovada esperança e determinação.

Esse fato foi, sem dúvida, um dos momentos mais desafiadores de minha vida. No entanto, também foi um período de aprendizado e crescimento, que me ensinou a resiliência necessária para enfrentar injustiças. Como Nelson Mandela disse certa vez: "Eu nunca perdi uma luta. Ou ganhei, ou aprendi".[6] Essas experiências moldaram o líder que sou hoje, assim como o caráter e os valores do Grupo Ser Educacional, reforçando nosso compromisso com uma educação que realmente transforma vidas.

---

6 Frase comumente atribuída ao advogado, líder rebelde e presidente da África do Sul Nelson Mandela (1918-2013).

Dizem que mar calmo não faz bom marinheiro. A tempestade passou, e o Grupo Ser Educacional saiu dessa provação com fundações mais sólidas e uma visão mais clara do propósito que carrega. Afinal, como poderia um educador falar de resiliência sem ter ele mesmo enfrentado e superado os próprios desafios?

Seria incoerente pregar a força sem ter sido testado, falar de persistência sem ter persistido ou ensinar sobre integridade sem a ter defendido quando ela foi questionada; enfim, não basta saber o que é correto, é preciso viver corretamente. Aprendemos com a vida real, e é exatamente isso que nos permite sermos educadores mais autênticos e mentores mais verdadeiros.

Odisseia: reflexões e legado

Essa passagem de minha vida me fez lembrar da história de Ulisses, da *Odisseia* de Homero. A narrativa mítica tem esse poder extraordinário de espelhar nossas jornadas pessoais através dos tempos. Quando olhamos para os ciclos de uma vida, os mitos servem como mapas ancestrais das experiências humanas, mostrando que certos padrões – a superação, a persistência, as provações – são universais e atemporais.

A odisseia de Ulisses, particularmente, é uma das narrativas mais ricas em simbolismo sobre ciclos de vida e superação. A jornada de dez anos após a Guerra de Troia – que já havia durado uma década – representa um ciclo completo de transformação pessoal. Durante os dez anos de retorno, cada ano trouxe um desafio que exigiu diferentes aspectos de capacidade de adaptação e liderança.

No início da jornada, Ulisses enfrentou os Cícones e os Lotófagos, aprendendo a importância de manter a equipe unida e focada no objetivo, mesmo quando tentados a desviar do caminho. Depois veio o encontro com o Ciclope Polifemo, no qual a astúcia – e não a força bruta – foi fundamental para a sobrevivência. Precisou pensar estrategicamente, usando o intelecto para superar um adversário que parecia imbatível. No terceiro grande desafio, enfrentou a feiticeira Circe, que transformou os homens dele em porcos. Aqui, aprendeu a importância de não se deixar seduzir por atalhos fáceis e de manter-se fiel aos próprios princípios. A passagem pelas Sereias mostrou como, às vezes, precisamos nos "amarrar ao mastro", ou seja, criar estruturas e limites para não nos desviarmos de nossos objetivos, mesmo quando tentados.

O Grupo Ser Educacional, sob minha liderança, tornou-se mais do que uma instituição de ensino; transformou-se em um símbolo de esperança e possibilidade. Em vez de denúncias infundadas, o grupo passou a aparecer na mídia pelo sucesso que conquistava. Em 12 de agosto de 2024, o jornal *Valor Econômico* noticiou: "Ser Educacional registra lucro de R$ 48,9 milhões no 2º tri, alta anual de 55,8%".[7] Esse impacto vai além dos números e das estatísticas;

---

7 MENEZES, V. Ser Educacional registra lucro de R$ 48,9 milhões no 2º tri, alta anual de 55,8%. **Valor Econômico**, 12 ago. 2024. Disponível em: https://valor.globo.com/empresas/noticia/2024/08/12/ser-educacional-registra-lucro-de-r-489-milhoes-no-2o-tri-alta-anual-de-558percent.ghtml. Acesso em: 4 abr. 2025.

ele se reflete nas histórias de vida de nossos alunos e na mudança positiva que propiciamos nas famílias e nas comunidades.

Com o passar dos anos, o crescimento e a maturidade do Grupo Ser Educacional nos permitiram alcançar marcos significativos. Cada unidade escolar que abrimos, cada novo curso que lançamos e cada parceria que firmamos foram etapas importantes nessa missão maior de educar para transformar. E, com cada sucesso, nossa responsabilidade só aumentou, ampliando a visão do que podemos fazer pela educação no Brasil.

Em 2024, fomos matéria da revista *Veja* com a seguinte iniciativa: "Universidade de Cambridge convida Ser Educacional para pesquisa científica".

> O Grupo Ser Educacional foi convidado a integrar o seleto grupo de pesquisadores liderado pela Universidade de Cambridge. As primeiras reuniões estão marcadas para esta semana.
>
> A participação do Ser Educacional é resultado direto da missão ABMES Internacional, realizada em outubro. A instituição brasileira vai se juntar ao grupo de estudos focado em soluções ambientais e créditos de carbono, reúne especialistas do Reino Unido, América Latina e outros países, debatendo questões cruciais em fóruns internacionais como a Conferência das Partes (COP).[8]

8 GIL, P. Universidade de Cambridge convida Ser Educacional para pesquisa científica. **Veja**, 8 nov. 2024. Disponível em: https://veja.abril.com.br/coluna/radar-economico/universidade-de-cambridge-convida-ser-educacional-para-pesquisa-cientifica/. Acesso em: 5 fev. 2025.

A integridade, que sempre foi um dos pilares de nossa atuação, provou ser a maior defesa nos momentos mais críticos. Manter práticas de gestão transparentes e justas não apenas fortaleceu nosso modelo de negócio como também nos protegeu durante as crises. Essa postura ética é não negociável e permeia todas as nossas decisões e ações.

Nossa jornada também nos ensinou a importância da comunidade e do apoio mútuo. Em vários momentos, foram a solidariedade e o suporte de nossa rede de colaboradores, alunos e parceiros que nos proporcionaram a força necessária para superar desafios. A comunidade que construímos em torno do Grupo Ser é, sem dúvida, parte de nosso sucesso.

Além de olhar para trás com gratidão, olho para o futuro com otimismo e determinação. Continuar a promover uma educação que transforma, que inspira e que eleva é mais do que uma meta; é uma vocação. Acredito, agora mais do que nunca, no poder transformador da educação e no papel fundamental dela na construção de um mundo mais justo e equitativo.

O legado que espero deixar é o de um compromisso inabalável com a educação de qualidade e com a ética em todas as nossas ações. Ao moldar o futuro do Grupo Ser Educacional, meu desejo é que ele continue sendo uma força para o bem, proporcionando oportunidades educacionais que não sejam apenas acessíveis, mas que também empoderem nossos alunos a alcançar e realizar os sonhos mais ambiciosos que tiverem.

Matérias como a publicada pelo jornal *Diário do Nordeste* mostram o resultado desse esforço:

> O Grupo Ser Educacional, por meio do programa de Educação à Distância (Ead) da UNINASSAU, alcançou um importante reconhecimento internacional ao ser premiado com o "Catalyst Awards 2024", na categoria "Diversidade, Equidade, Inclusão e Pertencimento". A cerimônia de premiação ocorreu na Flórida, EUA, no dia 17 de julho, marcando uma celebração significativa para a Instituição. [...] O prêmio foi concedido em virtude do programa Prática Interdisciplinar de Extensão, que visa estimular o aprendizado por meio da integração de diferentes áreas do conhecimento, gerando impacto social positivo. Em 2023, o programa executou aproximadamente 19.000 ações em todo o Brasil, envolvendo cerca de 28.400 alunos e beneficiando mais de 200.000 pessoas.[9]

De todo modo, a jornada do Grupo Ser Educacional é uma história de luta e de muitas conquistas. Cada desafio superado nos deixou mais fortes e mais focados em nossa missão. Por meio da educação, temos a capacidade de moldar o futuro de indivíduos, assim como o destino de comunidades inteiras. Estou empolgado com o que ainda está por vir e comprometido em continuar essa jornada de impacto e transformação.

Com base nesses princípios e valores, como presidente do Conselho de Administração do Grupo Ser Educacional, tomei a

---

9 UNINASSAU conquista prêmio internacional por projetos de diversidade e inclusão. **Diário do Nordeste**, 16 ago. 2024. Disponível em: https://diariodonordeste.verdesmares.com.br/negocios/uninassau-conquista-premio-internacional-por-projetos-de-diversidade-e-inclusao-1.3546381. Acesso em: 5 fev. 2025.

decisão de iniciar o processo de abertura de capital na Bolsa de Valores de São Paulo, a B3. Sabia que, para ampliar nosso impacto e alcançar um número ainda maior de pessoas, era essencial expandir nossa missão e visão no empreendedorismo educacional.

Assim, a abertura de capital, realizada em outubro de 2013, foi a estratégia escolhida para escalar o modelo de negócios, ampliar nosso alcance e continuar promovendo a transformação de vidas por meio da educação de qualidade.

CAPÍTULO 2

Jornada de abertura de capital do Ser Educacional

> **Não são os anos de sua vida que contam. É a vida em seus anos.**
>
> *Autor desconhecido*[10]

Assim que assumi a presidência do Conselho de Administração do Grupo Ser Educacional, meu foco foi estar sempre à frente das tendências desse segmento, liderando com uma visão estratégica que unisse inovação e crescimento sustentável.

A decisão de abrir o capital do grupo foi uma consequência lógica e estratégica. O processo de oferta pública inicial (IPO, na

---

10 Essa frase é comumente atribuída a Abraham Lincoln, mas, na realidade, foi usada em um anúncio publicitário para promover o livro *The Second Forty Years*, de autoria de Lincoln, em 1947.

sigla em inglês) marcou um passo natural em minha trajetória, além de ser uma oportunidade importante para ampliar nossa capacidade de investimento e inovação. Esse movimento representou um avanço significativo na trajetória do negócio e um compromisso renovado com a missão de oferecer educação de qualidade no Brasil.

A preparação para a abertura de capital envolveu um meticuloso planejamento estratégico, iniciado anos antes da IPO. Minha equipe e eu trabalhamos para fortalecer a estrutura corporativa do Grupo Ser, ajustando nossas operações às exigências do mercado de capitais. Implementamos práticas rigorosas de governança, asseguramos total transparência nas operações e consolidamos nossos resultados financeiros dos cinco anos anteriores, auditados por uma das empresas da Big Four (grupo formado pelas quatro maiores e mais respeitadas firmas de auditoria do mundo: Deloitte, PwC, Ernst & Young [EY] e KPMG).

Para tornar esse projeto uma realidade, contei com a expertise de consultores financeiros, auditores, advogados e especialistas em mercado de capitais. Juntos, trabalhamos para estruturar a empresa de modo a atender às expectativas de investidores e reguladores. A escolha da bolsa de valores, assim como o momento ideal para o lançamento, foi cuidadosamente planejada com base em uma análise detalhada do cenário econômico e das tendências do setor educacional.

A abertura de capital impulsionou a expansão do Grupo Ser Educacional, permitindo melhorias na infraestrutura e a ampliação da presença geográfica, alcançando regiões antes desassistidas pelo ensino superior de qualidade. Os recursos captados também viabilizaram investimentos em tecnologia educacional, resultando no desenvolvimento de plataformas de aprendizagem a distância e na ampliação da oferta de cursos on-line. Essa inovação foi fundamental para democratizar o acesso à educação em um país de dimensões continentais como o Brasil.

As faculdades que fazem parte do Grupo Ser Educacional são as seguintes:[11]

1. **UNINASSAU (Centro Universitário Maurício de Nassau)** – fundado em 2003, tem sede em Recife (PE) e oferece cursos de graduação e pós-graduação em diversas áreas, como Saúde, Negócios, Tecnologia e Ciências Humanas.
2. **UniNorte (Centro Universitário do Norte)** – criado em 1994 e localizado em Manaus (AM), oferece mais de oitenta cursos presenciais e de EaD, estruturados em quatro grandes escolas: Exatas, Ciências da Saúde, Humanas e Ciências Sociais Aplicadas.
3. **UNAMA (Universidade da Amazônia)** – fundada em 1987 em Belém (PA), conta com quatro campi no estado e oferece cursos presenciais e de EaD nas áreas de Exatas, Biológicas, Humanas e Sociais Aplicadas.
4. **UNG (Universidade de Guarulhos)** – criada em 1970, está localizada em Guarulhos (SP). Integra o Grupo Ser Educacional desde 2014 e oferece mais de cinquenta cursos

[11] Dados referentes a 2025.

de graduação e sessenta de pós-graduação, incluindo mestrado em Administração de Empresas, ou Master of Business Administration (MBA).

5. **UNINABUCO (Centro Universitário Joaquim Nabuco)** – fundado em 2007 em Paulista (PE), expandiu-se para outros estados e oferece cursos presenciais e digitais nas áreas de Administração, Direito e Engenharia, além de especializações.
6. **UNIFAEL (Centro Universitário Fael)** – primeiro centro universitário 100% em EaD do Brasil, conta com mais de 650 polos de apoio e oferta cursos em áreas como Finanças, Educação e Tecnologia.

Bloco E do UNINASSAU, campus Recife (PE). Fonte: divulgação.

Prédio de Medicina da UNINASSAU, campus Boa Viagem (PE). Fonte: divulgação.

UNINASSAU, campus Maceió (AL). Fonte: divulgação.

UNINASSAU, campus João Pessoa (PB). Fonte: divulgação.

UNINASSAU, campus Aracaju (SE). Fonte: divulgação.

UNINASSAU, campus Campina Grande (PE). Fonte: divulgação.

Entrada do UNINASSAU, campus Caruaru (PE). Fonte: divulgação.

UNINASSAU, campus Fortaleza (CE). Fonte: divulgação.

UNG, campus São Paulo (SP). Fonte: divulgação.

Vista do campus da Unama Belém em Ananindeua (PA). Fonte: divulgação.

A jornada para a abertura de capital não foi sem desafios. Enfrentei ceticismo de críticos que questionavam a capacidade do grupo de manter a qualidade educacional enquanto expandia rapidamente. No entanto, com liderança firme e uma equipe dedicada, consegui superar essas dúvidas, provando que era possível crescer sem comprometer a missão educativa do grupo. Afinal, como disse Paulo Freire: "Educação não transforma o mundo. Educação muda as pessoas. Pessoas transformam o mundo".[12]

O dia da IPO marcou um momento de conquista e responsabilidade. Ao abrir capital na bolsa de valores, o Grupo Ser Educacional passou a ter as ações negociadas publicamente, atraindo investidores que acreditavam no potencial de crescimento da instituição. A recepção positiva do mercado validou o modelo de negócios e a credibilidade que construí ao longo de minha trajetória.

Com os novos recursos e o compromisso ampliado com acionistas e demais stakeholders, iniciava-se uma fase que demandava ainda mais rigor na gestão. Cada decisão teria impactos ampliados, exigindo estratégia, transparência e um compromisso renovado com sustentabilidade e responsabilidade social.

A decisão de abrir o capital do Grupo Ser Educacional foi um marco decisivo em minha trajetória, refletindo o compromisso com a inovação e com a transformação do setor educacional. Desde a fundação do grupo, meu objetivo foi posicioná-lo como

---

12 FREIRE, P. **Conscientização**: teoria e prática da libertação: uma introdução ao pensamento de Paulo Freire. São Paulo: Cortez & Moraes, 1979.

um dos líderes do mercado de educação superior no Brasil, com destaque especial para a Região Nordeste, onde consolidamos nossa posição como referência no setor. Essa decisão fortalece nossa capacidade de adaptação às mudanças do mercado e nos prepara para os próximos desafios, reafirmando nossa missão de transformar vidas por meio da educação.

Nos últimos anos, o Grupo Ser Educacional tem demonstrado crescimento sustentável, com oferta diversificada que atende a milhares de alunos em todo o Brasil. A abertura de capital é uma extensão desse crescimento, abrindo novas possibilidades para expansão e inovação. Com o foco em ampliar o impacto social de nossa atuação, buscamos não só gerar mais oportunidades educacionais, mas também fortalecer nosso compromisso com a qualidade do ensino e a inclusão social. A educação, para nós, vai além de uma missão empresarial; ela é uma ferramenta de transformação social, capaz de gerar oportunidades e mudar realidades.

Vejo a abertura de capital não como o fim de um ciclo, e sim como um novo capítulo, no qual as possibilidades de expansão e inovação se multiplicam. Continuaremos a investir em novas tecnologias educacionais e fortalecer nossa presença nas comunidades que mais necessitam de acesso à educação de qualidade. Como parte dessa estratégia, o Grupo Ser Educacional também tem se envolvido ativamente em iniciativas globais de inclusão, destacando-se pelas ações sociais das quais faz parte.

Em um momento de reconhecimento do trabalho árduo e visionário do grupo, é relevante destacar a homenagem ao nosso CEO, Jânyo Diniz, que foi condecorado com o título de cidadão de várias cidades e estados brasileiros – entre eles Juazeiro (BA), Rio de Janeiro (RJ), Boa Vista (RO) e Alagoas. Esses títulos reforçam o impacto positivo que o Grupo Ser Educacional tem gerado na sociedade como um todo. Jânyo é um líder que inspira pelo compromisso com a educação e pela visão de futuro, alinhada ao propósito de transformar o país por meio de um ensino acessível e de qualidade.

Jânyo Janguiê Diniz: condecorado com o título de cidadão de várias cidades e estados brasileiros. Fonte: divulgação.

Com isso, o Grupo Ser Educacional segue comprometido com a inovação, a expansão e, sobretudo, a transformação social. A abertura de capital representa uma oportunidade de crescimento e a reafirmação de nosso compromisso com a educação como instrumento de inclusão e mudança. Como líder nesse processo, sigo determinado a continuar nosso trabalho de inspirar, transformar e impactar positivamente a sociedade brasileira. Em uma reportagem de 2024, a revista *Exame* abordou essa inclinação:

> Com uma visão extraordinária sobre o ensino no Brasil, o entrevistado desta semana é "O" Tubarão que transforma a vida de muita gente e está sempre fazendo coisas incríveis. Janguiê Diniz, o nosso tubarão, figura na lista da Forbes como empreendedor, é mestre e doutor em Direito e fundador do Grupo Ser Educacional, o maior do setor no Norte e Nordeste, com cerca de 14 mil colaboradores diretos.[13]

Preparação e desafios iniciais

"A utopia está lá no horizonte", dizia o jornalista e escritor uruguaio Eduardo Galeano. "Me aproximo dois passos, ela se afasta dois passos. Caminho dez passos e o horizonte corre dez passos. Por mais que eu caminhe, jamais alcançarei. Para que serve a utopia? Serve para isso: para que eu não deixe de caminhar".[14]

Quando decidi abrir o capital do Grupo Ser Educacional, sabia que enfrentaria um caminho complexo e desafiador. A ideia era

---

13 ARCANGELI, C. Janguiê Diniz: um inconformado compulsivo que dá lições de superação de adversidades. **Exame**, 24 ago. 2023. Disponível em: https://exame.com/colunistas/empreender-liberta/janguie-diniz-um-inconformado-compulsivo-que-da-licoes-de-superacao-de-adversidades. Acesso em: 5 fev. 2025.

14 GALEANO, E. **As palavras andantes**. Rio de Janeiro: L&PM, 1994.

transformar a organização em uma entidade pública não estatal, apta a captar recursos no mercado de ações. Isso exigia uma preparação intensiva, que começou com a formação de uma equipe multidisciplinar altamente qualificada.

A decisão de abrir o capital do Grupo Ser Educacional representou um marco estratégico e uma parte essencial de meu legado. Desde o início, compreendi que esse passo exigiria uma preparação rigorosa e um time de especialistas em diferentes áreas. Por isso, minha primeira ação foi reunir especialistas em finanças, legislação do mercado de capitais e governança corporativa. Contar com pessoas que compartilhassem de minha visão era fundamental para navegar pelos complexos processos legais e financeiros envolvidos.

Estabelecemos parcerias com bancos de investimento renomados e consultorias especializadas, que desempenharam um papel crucial ao nos orientar sobre as melhores práticas de mercado e o posicionamento estratégico do Grupo Ser Educacional perante os investidores. Um dos primeiros desafios foi realizar uma auditoria interna completa para garantir total transparência e conformidade com as regulamentações. Esse processo exigiu uma revisão meticulosa de nossos balanços e práticas contábeis.

Ao mesmo tempo, implementamos um sistema robusto de governança corporativa, estabelecendo um conselho de administração forte, com conselheiros externos e independentes, além de políticas claras para a gestão e mecanismos eficazes de controle e transparência. A comunicação também se mostrou vital: precisávamos garantir que investidores e colaboradores internos estivessem alinhados e compreendessem o impacto da mudança para o grupo.

A adaptação à realidade do mercado de ações exigiu ajustes estratégicos. Reavaliamos nossos planos de expansão, investimentos e cultura corporativa para garantir alinhamento com os interesses dos futuros acionistas. Esse processo trouxe desafios emocionais e organizacionais, especialmente ao transformar a cultura de pessoas acostumadas a um sistema diferente. Houve resistência, mas a convicção de que estávamos trilhando o caminho certo me manteve firme.

Durante todo esse percurso, encontrei inspiração na trajetória de Antônio Carbonari Netto, fundador da Anhanguera Educacional, cuja visão sobre o futuro da educação no Brasil influenciou minhas decisões. Ainda assim, não foi um caminho isento de receios. O medo de não dar certo esteve presente, mas acreditei em minha capacidade e segui em frente. Tomei decisões difíceis confiando em mim mesmo, ouvindo atentamente os conselheiros e mantendo a fé em Deus. A meditação diária também me ajudou a manter a calma em momentos de intensa pressão.

O dia da IPO foi carregado de emoções. O que mais me marcou foi a reunião de todos os diretores na B3, celebrando a concretização desse sonho ao som do sino da Bolsa. Foi um misto de alívio, felicidade e sensação de sucesso. Ao olhar para trás, percebo que cada sacrifício valeu a pena, mas, se pudesse aconselhar meu "eu" do passado, diria: "Tudo exige preparo". Teria me preparado ainda mais para esse momento tão significativo na história do Grupo Ser Educacional.

No aspecto financeiro, tivemos de apresentar uma projeção sólida e convincente. Isso significou um trabalho detalhado de previsão de receitas, despesas e análise de cenários diversos que pudessem impactar nossa operação no futuro. A montagem do prospecto de oferta foi um processo particularmente intenso. O documento detalhava nossa situação financeira, nossas operações, nossa estratégia e os riscos envolvidos, e precisava ser compreensível, atraente e completamente transparente.

Também enfrentamos o desafio de estabelecer um preço inicial para nossas ações, o que requeria uma avaliação cuidadosa do valor da empresa e das expectativas do mercado. Essa tarefa foi realizada em conjunto com nossos consultores financeiros e foi crucial para o sucesso da IPO.

A formação e o treinamento de uma equipe interna dedicada exclusivamente ao processo de IPO foi outro passo importante. Essa equipe seria responsável por coordenar todas as atividades internas e garantir a comunicação entre os vários consultores e parceiros envolvidos.

Durante todo esse processo, tive de manter o foco na gestão do dia a dia do grupo, garantindo que nossa operação continuasse a gerar os resultados esperados. Não poderíamos perder o ritmo de crescimento e eficiência, pois isso poderia afetar negativamente a percepção dos investidores.

Além disso, precisei me dedicar pessoalmente a todas as apresentações e reuniões com potenciais investidores, os chamados *roadshows* – eventos que consistem em apresentações feitas pelos fundadores das empresas, em que são compartilhadas a história da criação e da evolução do negócio, além das estratégias para escalar a empresa de maneira substancial e torná-la líder no mercado. Após a pandemia de covid-19, o formato on-line se tornou comum. Os *roadshows* foram fundamentais para gerar interesse e confiança em nosso projeto de IPO.

A jornada começou em São Paulo, com apresentações presenciais que marcaram o início dessa etapa importante. A equipe era composta por mim, meus irmãos Jânyo (CEO do grupo) e Joaldo (vice-CEO), além de Habib Bichara, então diretor financeiro, e Francisco Barreto, conselheiro e membro do Conselho de Administração. Também participavam os representantes do sindicato dos bancos, que na época reunia quatro grandes instituições financeiras. Cada apresentação, ou *roadshow*, tinha duração média de setenta minutos.

Realizávamos entre oito e dez apresentações por dia. Após São Paulo, alugamos uma suíte no Hotel Copacabana Palace, no Rio de Janeiro, e passamos alguns dias realizando apresentações para os investidores cariocas, conhecidos como "investidores do Leblon". Depois das etapas em São Paulo e no Rio, chegou o momento de seguir para o *roadshow* internacional, agora em inglês. Foi aí que a fluência no idioma se mostrou importante.

A primeira cidade foi Amsterdã, na Holanda. Lembro-me disso como se fosse hoje. Chegamos no dia anterior e, às seis da manhã, já estávamos no escritório de um grande fundo, que gostava de agendar as apresentações bem cedo. De lá, seguimos para Rotterdam, ainda na Holanda, depois Paris (França) e Londres (Inglaterra). O mais curioso é que fizemos Amsterdã,

Rotterdam e Paris no mesmo dia e, no final dele, pegamos um trem pelo Eurotúnel, chegando a Londres, onde, na manhã seguinte, começamos as apresentações para os fundos de investimentos britânicos.

Ninguém levava mala; apenas uma mochila com pouca roupa, porque não dava tempo de despachar bagagens. Era chegar e embarcar correndo. Depois da Europa, partimos para os Estados Unidos. Inicialmente, fizemos *roadshows* em Boston, Chicago e finalizamos na cidade de Nova York. Realizamos mais de cem apresentações para investidores brasileiros, europeus e americanos. Uma verdadeira maratona que durou quase um mês. Mas valeu a pena.

Foi um período de aprendizado constante. Cada etapa do processo revelava novos desafios e exigia soluções criativas. Minha capacidade de adaptação e resiliência foi testada ao máximo, e cada obstáculo superado reforçava minha confiança no sucesso da iniciativa.

Em uma dessas experiências marcantes, durante uma visita a um fundo americano, o representante pediu, em inglês, que Francisco Barreto, nosso acompanhante argentino, não participasse da reunião. Não entendemos o motivo e ficamos aborrecidos, mas pedimos a Francisco que esperasse do lado de fora. Após uma hora de conversa, o representante do fundo começou a falar em português. Ele havia morado em São Paulo por mais de cinco anos. O mais engraçado foi que, no momento em que ele proibiu Francisco de participar, cheguei a pensar em xingá-lo em português, certo de que ele não entenderia. Sorte que não o fiz.

Lidar com a incerteza do mercado foi, sem dúvida, um dos aspectos mais desafiadores. As flutuações econômicas, tanto nacionais quanto internacionais, podiam afetar as condições ideais para lançar nossa IPO. Por isso, estávamos sempre atentos para ajustar nossa estratégia conforme necessário. As exigências de transparência e relatórios frequentes para os órgãos reguladores também impuseram um novo ritmo de trabalho. A adaptação a essa nova realidade exigiu disciplina e um compromisso inabalável com a ética e a transparência.

Tivemos de equilibrar as expectativas de crescimento de curto prazo com nossos objetivos de longo prazo. Foi vital não comprometer nossa visão de futuro em busca de ganhos imediatos, mantendo sempre o foco na sustentabilidade do negócio.

A integração de novos membros ao Conselho de Administração trouxe novas perspectivas e reforçou a gestão, mas também exigiu um esforço de alinhamento e adaptação por parte de todos os envolvidos. Manter a equipe motivada foi fundamental para atravessar esse período de transformação sem perder o ritmo e a coesão.

Acredito que o líder deve agir como um general romano: ir à frente da tropa, dar o exemplo e demonstrar, na prática, o compromisso com os objetivos. Não peço nada que eu mesmo não esteja disposto a fazer. Liderar, para mim, não é apenas delegar, é inspirar com atitudes e presença, mostrando que cada esforço tem um propósito maior. Esse engajamento genuíno contagia a equipe e fortalece a confiança no caminho que estamos trilhando juntos. Comunicar claramente cada passo do processo e envolver os líderes de cada departamento foram outras ações que garantiram o apoio interno necessário.

A pressão dos investidores por resultados imediatos era constante, e gerenciar essa expectativa junto aos stakeholders internos e externos demandava uma troca eficaz e muita diplomacia. A escolha do momento certo para a IPO exigiu um monitoramento constante do mercado e uma capacidade de tomar decisões rápidas e fundamentadas. A janela de oportunidade para uma oferta pública inicial pode ser breve, e estávamos preparados para agir rapidamente quando o momento chegasse.

O treinamento de nossos executivos e porta-vozes para lidar com a mídia e o público foi outra frente de trabalho intensa. A imagem do Grupo Ser Educacional como uma empresa pública não estatal começou a ser moldada ainda antes da IPO, e cada palavra contava naquela estruturação.

Adaptar nossos processos internos para atender às exigências de uma empresa de capital aberto foi um projeto em si. Isso incluiu a implementação de novos sistemas de Tecnologia da Informação (TI), processos de compliance mais rigorosos e um reforço geral em nossas práticas de segurança da informação.

Durante esse período, também enfrentei desafios pessoais, especialmente no equilíbrio entre a vida profissional e a pessoal. O processo de abertura de capital é extenuante e exigiu um grande esforço para manter a saúde física e mental, garantindo que eu estivesse à altura da responsabilidade de liderar o grupo nessa jornada. À medida que nos aproximávamos do lançamento da IPO, a tensão se intensificava. Era fundamental que todos os envolvidos permanecessem focados e disciplinados, evitando qualquer deslize que pudesse comprometer o sucesso da operação – como conceder uma entrevista e divulgar informações que não poderiam ser compartilhadas.

A avaliação constante do feedback dos investidores potenciais nos ajudou a refinar nossa mensagem e nossas estratégias. Cada interação era uma oportunidade de aprendizado e ajuste. A decisão final sobre o preço das ações foi tomada com base em uma análise detalhada do valor da empresa e das condições de mercado. Essa foi uma das decisões mais críticas e exigiu uma avaliação cuidadosa e muitas discussões com nossos assessores financeiros.

As últimas semanas antes da IPO foram marcadas por uma revisão final de todos os documentos e pela preparação para o dia do lançamento. Todo o esforço dos meses anteriores culminaria naquele momento, e a atenção aos detalhes era primordial. O sucesso da IPO não marcou o fim dos desafios, e sim o início de uma nova fase para o Grupo Ser Educacional. Agora como uma empresa pública não estatal, estávamos sujeitos a muito mais escrutínio e expectativas.

A estreia no mercado de capitais inaugurou um novo capítulo em nossa história. Além da necessária adaptação às exigências de relatórios e práticas de governança, a receptividade dos investidores validou nossa visão estratégica e fortaleceu nossa convicção no rumo escolhido.

A IPO representou um divisor de águas tanto para mim quanto para o Grupo Ser Educacional. Muito além da captação de recursos, essa transição nos alçou a um novo patamar de maturidade corporativa e projeção no mercado. Foi um momento de transformação que redefiniu não apenas a empresa, mas também minha trajetória como empreendedor.

A experiência deixou lições valiosas sobre a importância de uma preparação meticulosa, a necessidade de adaptabilidade e o valor de uma equipe comprometida e qualificada. John Dewey defendia que "a educação é um processo social, é desenvolvimento. Não é a preparação para a vida, é a própria vida".[15] Hoje vejo que os desafios enfrentados nos prepararam melhor para os futuros desafios. A jornada para a abertura de capital foi apenas o início de uma nova etapa de crescimento e inovação contínua.

Com o sucesso da IPO, o Grupo Ser Educacional solidificou a posição como um dos líderes no mercado educacional superior brasileiro. Quanto a mim, continuo comprometido com a missão de expandir e melhorar a educação em nosso país. Olhando para o futuro, permaneço entusiasmado com as oportunidades que a abertura de capital trouxe e com o impacto que continuaremos a gerar na vida de milhares de estudantes.

O caminho é longo, mas cada passo vale a pena. Nas palavras de Rubem Alves: "Ensinar é um exercício de imortalidade. De alguma forma continuamos a viver naqueles cujos olhos aprenderam a ver o mundo pela magia da nossa palavra".[16]

---

[15] Frase comumente atribuída ao filósofo e pedagogo norte-americano John Dewey (1859-1952).

[16] ALVES, R. **A alegria de ensinar**. Campinas: Papirus Editora, 2000.

Janguiê Diniz na Bovespa: marco para o Ser Educacional. Fonte: arquivo pessoal.

Da esquerda para a direita: Francisco Barreto, Habib Bichara, Janguiê Diniz, Thales Janguiê, Jânyo Diniz e Joaldo Janguiê. Fonte: arquivo pessoal.

Destaque no jornal *Valor Econômico*, de setembro de 2013. Fonte: reprodução.

Desenvolvimento e crescimento da equipe

Ao liderar a abertura de capital do Grupo Ser Ecucacional, concentrei-me no desenvolvimento da equipe, reconhecendo-a como pilar fundamental para o sucesso. Desde o início, percebi que a IPO não dependia apenas de sólidos fundamentos financeiros ou de uma estratégia de mercado bem definida, mas também do engajamento e da evolução de cada membro da equipe.

Essa jornada representou uma transformação significativa para a organização e para as pessoas envolvidas, e fiz o possível para que todos se sentissem parte importante desse marco histórico.

O processo foi intenso e desafiador. Priorizamos um ambiente que incentivasse o trabalho árduo, assim como a colaboração e a aprendizagem contínua. Implementamos treinamentos e workshops abordando temas técnicos como governança corporativa e compliance, além de tópicos relacionados a liderança e gestão do estresse. Uma equipe bem-preparada é essencial para enfrentar desafios complexos.

A evolução do time foi notável, tanto pessoal quanto profissionalmente. Muitos membros, inicialmente com conhecimento limitado sobre o mercado de capitais, tornaram-se especialistas, capazes de discutir questões financeiras complexas com confiança. Esse progresso foi impulsionado pela combinação entre formação estruturada e experiência prática, proporcionada pelas demandas da IPO. Atuei também como mentor, incentivando o crescimento, reconhecendo conquistas e assegurando que todos tivessem os recursos necessários para prosperar.

Assumi a liderança com um profundo senso de responsabilidade, buscando criar um ambiente de trabalho positivo e inspirador. Estabeleci um modelo de gestão transparente e acessível, com comunicação clara e aberta. Mantive-me sempre disponível para ouvir ideias, esclarecer dúvidas e compartilhar a visão estratégica do grupo. Essa abordagem fortaleceu a confiança entre a equipe e a liderança, promovendo colaboração e respeito mútuo.

A transição para a cultura de uma empresa de capital aberto representou um dos maiores desafios. De um negócio familiar, marcado por autonomia e flexibilidade, passamos a operar sob normas rigorosas de governança e exigências regulatórias, com a necessidade de prestar contas a investidores. Essa mudança exigiu uma reorientação mental em todos os níveis, comparável a navegar em águas desconhecidas após anos em um ambiente familiar. Embora as novas exigências trouxessem oportunidades, também demandaram maior disciplina e precisão para manter o rumo.

Durante essa transformação, acompanhei a ascensão de meu irmão, Jânyo Diniz, que se consolidou como um dos principais CEOs do setor educacional no Brasil após a IPO. A trajetória dele reflete a evolução do grupo: Jânyo não apenas compreendeu as demandas do mercado, mas também as dominou, liderando com visão estratégica e determinação. Essa história é uma prova de que o sucesso é um processo contínuo, fundamentado em adaptação e crescimento constantes.

O êxito da IPO foi impulsionado, em grande parte, pelo desenvolvimento da equipe. A experiência compartilhada nos uniu, tornando-nos uma força coesa e preparada para os desafios de ser uma empresa de capital aberto. Fortalecemos nossa estrutura organizacional e formamos líderes internos, prontos para seguir com a missão de transformar a educação e gerar um impacto positivo na sociedade. Embora minha liderança tenha sido um catalisador, o mérito é de cada membro da equipe que se dedicou e brilhou durante essa jornada desafiadora.

O preço da coragem: decisões que fazem história

No processo de abertura de capital do Grupo Ser Educacional, enfrentei vários momentos críticos que exigiram decisões rápidas e estrategicamente sólidas. Um desses momentos foi a escolha do timing para o lançamento da IPO.

O mercado financeiro é notoriamente volátil, e encontrar a "janela" perfeita exigiu uma análise meticulosa das condições do mercado e das tendências econômicas globais. Tive de confiar intensamente nos conselhos de nossos consultores financeiros, mas a decisão final foi minha.

Optar por seguir em frente naquele momento específico foi um risco calculado que acabou sendo fundamental para o sucesso de nossa oferta pública. Outro ponto decisivo foi determinar o preço inicial das ações. Essa é uma das decisões mais importantes em qualquer IPO, pois impacta diretamente na percepção do valor da empresa pelo mercado e na quantidade de capital que conseguimos levantar. Eu me vi pressionado por diferentes conselheiros, cada um com uma perspectiva a respeito de como deveríamos precificar as ações com base nos próprios cálculos e experiências anteriores. No final, tive de balancear essas opiniões com minha própria intuição e conhecimento do que nossa empresa realmente valia, estabelecendo um preço que não apenas refletisse o valor real do Grupo Ser Educacional, estimado em 2,5 bilhões de reais, mas também atraísse os investidores.

Durante a própria oferta pública, enfrentamos a ameaça de uma oscilação negativa de mercado, impulsionada por uma notícia econômica inesperada. Naquele momento, a pressão para adiar a IPO era imensa. Líderes do time Financeiro e consultores externos apresentaram argumentos convincentes para o adiamento, mas eu sabia que a janela de oportunidade poderia não se repetir. Decidi manter o plano original, confiando na força e na estabilidade de nosso modelo de negócio. Essa decisão se mostrou acertada e reforçou a confiança dos investidores em nossa capacidade de liderança em tempos turbulentos.

Uma das decisões mais desafiadoras que enfrentei foi comunicar as etapas e os riscos da IPO a nossos colaboradores. Sabia que a transparência era crucial, mas também precisava preservar a moral da equipe em meio à incerteza. Por isso, organizei uma série de reuniões informativas, nas quais expliquei pessoalmente o processo de abertura de capital, os benefícios de longo prazo para a empresa e para cada membro da equipe. Essa abordagem direta ajudou a reduzir as ansiedades naturais, reforçando um sentimento de estabilidade e continuidade, elementos essenciais durante períodos de grande mudança.

A IPO apresenta tanto riscos quanto vantagens. Entre os maiores riscos estão a volatilidade do mercado, que pode impactar negativamente a avaliação da empresa após a listagem, e a pressão por resultados financeiros de curto prazo. Além disso, o processo de abertura de capital envolve custos elevados, com despesas com auditoria, assessoria legal e adequação aos requisitos regulatórios.

Por outro lado, as vantagens são significativas: a IPO oferece acesso a um volume considerável de recursos, permitindo uma expansão mais rápida e a captação de investimentos para novos projetos. Também proporciona maior visibilidade no mercado, o que pode fortalecer a marca e abrir portas para parcerias estratégicas. Para os colaboradores, especialmente aqueles com participação acionária, representa uma oportunidade de valorização do patrimônio, além de criar um sentimento de pertencimento e sucesso coletivo.

Marco para a educação no Norte e no Nordeste

A decisão de abrir o capital do Grupo Ser Educacional marcou um divisor de águas para a empresa e o mercado educacional brasileiro. Ao se tornar a terceira empresa brasileira de educação com capital aberto na bolsa de valores do Brasil, e a primeira do Norte e Nordeste, estabelecemos um precedente importante. Embora não tenha sido a primeira, nossa IPO foi a maior entre todas as empresas educacionais da época.

Captamos, em duas etapas, aproximadamente 1,7 bilhão de reais, com 50% do valor destinado a investimento primário (recursos para a empresa) e os outros 50% a investimento secundário (dinheiro direcionado aos acionistas). Isso reforçou nossa posição de liderança no setor, assim como destacou a educação como uma área viável e atraente para investimentos de longo prazo. O impacto dessa iniciativa se estendeu por todo o mercado, incentivando outras instituições a considerarem caminhos similares para financiamento e expansão.

Financeiramente, a abertura de capital proporcionou ao Grupo Ser Educacional os recursos necessários para expandir nossa infraestrutura, melhorar a tecnologia empregada em nossos sistemas de ensino e aumentar nossa oferta de cursos, beneficiando diretamente milhares de estudantes em todo o país. Permitiu-nos também realizar aquisições estratégicas, como a Universidade da Amazônia (UNAMA), em 2014.

Essa universidade representa um marco transformador no cenário educacional e socioeconômico da Região Norte do Brasil, especialmente no estado do Pará. Antes da criação dela, as opções de formação universitária na região eram escassas, e muitos jovens precisavam migrar para outras partes do país em busca de educação, uma realidade inviável para a maioria devido aos altos custos e à distância.

A instituição se tornou uma das primeiras universidades privadas da região, democratizando o acesso ao ensino superior e permitindo que milhares de pessoas pudessem estudar perto de casa. Hoje, a UNAMA é uma referência em educação privada na Amazônia, com mais de 30 mil alunos em seus campi, oferecendo cursos de graduação, pós-graduação e extensão em áreas como Direito, Saúde, Engenharias, Tecnologia e Ciências Humanas. A atuação vai além da sala de aula, formando profissionais qualificados que contribuem diretamente para o desenvolvimento econômico e social da região.

Do ponto de vista da percepção pública, a abertura de capital elevou significativamente meu perfil como líder empresarial e inovador no setor educacional. Ser visto como alguém que liderou com sucesso a transição de uma empresa privada para uma pública não estatal aumentou o respeito e a admiração por minha trajetória profissional, consolidando minha reputação como um empreendedor que não apenas visa ao sucesso econômico, mas também está profundamente comprometido com o impacto social positivo.

Em reportagem de 2014, a revista *IstoÉ Dinheiro* me chamou de "bilionário das letras", destacando a inclusão na lista da *Forbes*.

> O empresário José Janguiê Diniz recebeu a informação de que seu nome havia sido incluído na lista de bilionários brasileiros, na última semana de junho, como uma notícia corriqueira. Não houve comemoração, festa ou a compra de presentes extravagantes para celebrar a entrada nesse grupo restrito. Aos 50 anos, a vida do controlador do grupo Ser Educacional, a maior rede privada de ensino superior das regiões Norte e Nordeste, dona das faculdades Maurício de Nassau e Joaquim Nabuco, é bem diferente da do garoto que, aos oito anos de idade, no início dos anos 1970, montou uma caixa de engraxate para conseguir um dinheirinho para reforçar o caixa da família e pagar pequenos luxos, como o ingresso do cinema.[17]

---

[17] O BILIONÁRIO das letras. **IstoÉ Dinheiro**, 4 jul. 2014. Disponível em: https://istoedinheiro.com.br/o-bilionario-das-letras. Acesso em: 5 fev. 2025.

A abertura de capital aumentou o escrutínio sobre nossas operações e nos impulsionou a adotar práticas ainda mais rigorosas de transparência, compliance e governança. Esse movimento foi essencial para fortalecer a confiança entre investidores e stakeholders, melhorando nossa imagem pública como uma empresa responsável e ética. Tais mudanças reforçaram nosso compromisso com todos os envolvidos – desde alunos e pais até colaboradores e parceiros comerciais – e consolidaram o Grupo Ser Educacional como um exemplo de integridade e eficácia no setor. Mais do que um marco financeiro, essa experiência foi a prova de nossa capacidade de transformar adversidades em momentos de crescimento, fortalecendo a empresa e me ajudando a amadurecer como líder. Aprendi que os desafios são oportunidades de aprendizado e evolução contínuos.

No Congresso Sul Africano em 1953, Nelson Mandela disse: "A educação é a arma mais poderosa que você pode usar para mudar o mundo". Essa visão nos norteou durante a IPO, demonstrando que a verdadeira transformação ocorre quando integramos crescimento econômico e missão social. O sábio chinês Confúcio afirmava: "Se você planeja para um ano, plante arroz. Se você planeja para uma década, plante árvores. Se você planeja para uma vida, eduque pessoas". A educação, com o poder transformador que tem, é o legado mais duradouro que podemos deixar aos nossos colaboradores, bem como para as futuras gerações.

O sucesso de nossa IPO e a subsequente performance no mercado de capitais comprovaram a viabilidade de um modelo de negócios que alia impacto social e financeiro, consolidando nossa missão de promover a educação como motor de mudança. Esse legado transcende minha atuação individual, refletindo o trabalho coletivo de toda a equipe do Grupo Ser Educacional e servindo de inspiração para outras organizações que desejam seguir um caminho semelhante. O impacto desse projeto estimula uma reflexão mais ampla sobre como a educação pode ser conduzida, financiada e transformada no Brasil.

Ao refletir sobre a jornada da abertura de capital, fico tocado pelo que alcançamos. Esse processo foi uma transformação financeira, além de uma verdadeira jornada de aprendizado. A decisão de tornar público o capital da empresa foi uma das mais desafiadoras e significativas de minha carreira empreendedora, representando um ponto de inflexão que redefiniu nosso futuro.

As lições ao longo do caminho foram muitas, e uma das mais cruciais foi a importância de contar com uma equipe competente e dedicada. Sem o apoio de profissionais como Jânyo Diniz, Herbert Steinberg, Francisco Barreto, Joaldo Diniz, Habib Bichara, e sem o compromisso inabalável de todos na empresa, a transição para uma companhia de capital aberto não teria sido possível. Aprendi que liderar trata mais de inspirar e habilitar pessoas a trazerem o melhor de si do que simplesmente dar instruções.

O processo também reafirmou minha crença na resiliência como um traço essencial de liderança. Enfrentamos desafios que exigiram adaptação e superação constantes, desde questões regulatórias até a necessidade de manter a confiança dos investidores em tempos de incerteza econômica. A experiência ressaltou, além disso, a importância da integridade e da transparência nos negócios. Tornar-se uma empresa pública trouxe uma camada adicional de responsabilidade, com a necessidade de considerar os resultados financeiros, assim como o impacto social e o legado que estávamos construindo.

Sigo comprometido com a expansão do Grupo Ser Educacional, sempre mantendo a ética e a transparência no coração de nossa missão. Estou entusiasmado com as possibilidades que nossa posição no mercado de capitais nos oferece e ansioso por liderar a empresa na próxima fase de inovação e impacto. Esse capítulo de nossa história é um testemunho de nossa capacidade de transformar desafios em oportunidades, um tema que continuará a guiar nossa trajetória à medida que avançamos.

CAPÍTULO 3

Rumo a uma nova era para o Grupo Ser Educacional

> **Se você já construiu castelos no ar, não tenha vergonha deles. Estão onde devem estar. Agora, dê-lhes alicerces.**
>
> *Henry David Thoreau*[18]

A pandemia de covid-19 foi um evento que reconfigurou radicalmente o cenário educacional no Brasil e no mundo. No Grupo Ser Educacional, o impacto foi sentido de maneira imediata e profunda, revelando fragilidades no modelo de negócio que, até então, sustentava-nos em uma trajetória de crescimento contínuo.

A evasão de alunos atingiu índices alarmantes, motivada pelas incertezas financeiras enfrentadas pelas famílias e pela dificuldade de adaptação de alguns estudantes ao modelo remoto

[18] THOREAU, H. D. **Walden, ou A vida nos bosques**. São Paulo: Edipro 2018.

emergencial. Paralelamente, a inadimplência subiu a patamares sem precedentes, comprometendo severamente o fluxo de caixa.

Em 1º de outubro de 2020, o jornal *Gazeta do Povo* noticiou:

> Com a incerteza sobre o fim da pandemia, o ensino a distância se tornou alternativa para muitos brasileiros que buscam uma graduação ou especialização. A procura por cursos de EaD cresceu no país desde março. Por outro lado, a inadimplência e evasão também aumentaram – tanto nos presenciais quanto na modalidade de ensino remoto. [...] Em abril de 2020, o levantamento mostrou que a inadimplência foi maior nos cursos presenciais. Passou de 14,8% no ano passado para 23% neste ano. Mas isso não quer dizer que a crise não atingiu os cursos EaD. Eles registraram 21,3% de inadimplência no mês de maio, ante 19,6% no mesmo mês do ano passado.[19]

Decisões judiciais de vários estados que reduziram as mensalidades em até 30% foram outro golpe significativo. Embora essas medidas fossem compreensíveis sob o ponto de vista dos estudantes e das famílias, elas impactaram duramente as finanças das instituições privadas de ensino superior. Em nosso caso, reduziram drasticamente a receita operacional, exigindo ajustes rápidos e profundos para garantir a sustentabilidade do grupo.

---

[19] BILCHES, W. Ensino superior EaD ganha impulso na pandemia, mas inadimplência também aumenta. **Gazeta do Povo**, 1º ago. 2020. Disponível em: https://www.gazetadopovo.com.br/educacao/ensino-superior-ead-ganha-impulso-na-pandemia-mas-inadimplencia-tambem-aumenta. Acesso em: 5 fev. 2025.

O mercado financeiro também reagiu de maneira drástica à crise. Antes da pandemia, o valor de mercado do Grupo Ser Educacional havia ultrapassado a marca dos 3 bilhões de reais, refletindo a confiança dos investidores em nossa capacidade de crescimento e inovação. No entanto, a pandemia reverteu essa percepção, e nossas ações sofreram uma queda acentuada, atingindo valores próximos de 500 milhões de reais. A desvalorização representou uma perda de capitalização e evidenciou a desconfiança do mercado em relação à resiliência do setor educacional privado durante um período de crise global.

Esse cenário nos levou a recorrer à alavancagem bancária como uma medida emergencial essencial para assegurar a continuidade de nossas operações e cumprir os compromissos com colaboradores, fornecedores e parceiros. Embora a decisão implicasse a necessidade de assumir dívidas com altos juros e garantir o cumprimento das exigências de garantias reais e fidejussórias, ela foi fundamental para proteger o futuro do grupo e garantir nossa estabilidade diante de um contexto econômico turbulento.

Os impactos financeiros foram apenas a ponta do iceberg. A crise expôs a necessidade de repensar profundamente nosso modelo de operação e estratégia de mercado. Percebemos que o ambiente de negócios que emergiria da pandemia exigiria um Grupo Ser Educacional mais enxuto, eficiente e adaptado às novas demandas. Esse entendimento nos levou a implementar uma série de medidas estruturais – desde cortes de pessoas e de custos até a reestruturação de nossa oferta educacional de cursos – para alinhar nossas operações a essa nova realidade.

Os desafios que enfrentamos durante a pandemia não foram apenas financeiros, mas também culturais e operacionais. Como líder do grupo, vi de perto o impacto dessas mudanças em nossas equipes, em nossos alunos e parceiros. Foi um período de incertezas e decisões difíceis, assim como de aprendizado e resiliência.

Apesar da gravidade da crise, o Grupo Ser Educacional utilizou esse momento como uma oportunidade de transformação. Implementamos ajustes que garantiram nossa sobrevivência no curto prazo e nos posicionaram para um futuro de crescimento sustentável. A aposta em cursos de Medicina, a transformação digital acelerada e a reorganização da estrutura operacional foram peças-chave dessa reinvenção.

Medidas de contenção e reestruturação

Como disse, a pandemia de covid-19 impactou diretamente o Grupo Ser Educacional. Descoberto no final de 2019 em Wuhan, China, o vírus SARS-CoV-2 se espalhou rapidamente, afetando todos os continentes. Em poucas semanas, levou à paralisação de setores inteiros da economia global e à imposição de lockdowns em diversos países, forçando milhões de pessoas a se manterem em casa para conter a disseminação.

Ao longo de 2020, o mundo enfrentou mais de 66 milhões de casos confirmados, o que resultou em cerca de 1,5 milhão de mortes. O impacto na educação foi particularmente severo, com aproximadamente 1,7 bilhão de estudantes em todo o mundo tendo as aulas interrompidas devido ao fechamento de escolas e universidades.[20]

No Brasil, os efeitos da pandemia foram sentidos em todas as esferas. O sistema de saúde rapidamente entrou em colapso em várias regiões, e a educação superior, com a suspensão das aulas presenciais, precisou se reorganizar completamente. A partir de março de 2020, as instituições de ensino enfrentaram o desafio de continuar oferecendo educação de qualidade em um cenário de isolamento social. Para mim, como fundador e presidente do Conselho de Administração do Grupo Ser Educacional, essa foi uma oportunidade de agir rapidamente e colocar em prática uma transformação digital que já estava em curso e precisou ser acelerada de maneira sem precedentes.

A magnitude da crise nos obrigou a tomar decisões difíceis, mas necessárias, para garantir a continuidade de nossas operações e a sustentabilidade de longo prazo. A sobrevivência do grupo dependia de um ajuste profundo e rápido às novas condições econômicas e sociais impostas pela crise. Em resposta à redução drástica na captação de alunos e ao aumento da inadimplência, implementamos abrangentes cortes de custos. Entre as medidas adotadas, priorizamos a devolução e renegociação de aluguéis de imóveis utilizados por nossas unidades, ajustando os valores daqueles que não foram devolvidos para uma realidade mais condizente com a nova receita.

20 WORLD HEALTH ORGANIZATION. Covid-19 Dashboard. Disponível em: https://covid19.who.int. Acesso em: 4 abr. 2025.

Tivemos de cortar na carne. Inclusive em minha própria carne: a Ocktus Participações, de minha propriedade e maior locadora do Grupo Ser Educacional, sendo proprietária da maioria dos imóveis utilizados pelo grupo, aceitou sem restrições a devolução de diversos imóveis e a redução do valor de locação de outros. Além disso, não houve qualquer cobrança de multa nesse processo. Também reduzimos serviços de terceiros e, infelizmente, tivemos de suspender temporariamente contratos de trabalho, com base na Medida Provisória 936, que flexibilizou as relações trabalhistas durante a pandemia.[21]

A redução temporária de pessoal foi uma das decisões mais difíceis, pois sabíamos que cada contrato suspenso representava uma pessoa e uma família. No entanto, essas escolhas foram feitas com responsabilidade e transparência, sempre priorizando a sustentabilidade do grupo e a possibilidade de recontratação futura, à medida que a situação melhorasse.

Um dos exemplos mais emblemáticos do impacto da pandemia foi a situação em Recife. Antes da crise, nossas unidades na capital pernambucana atendiam a mais de 35 mil alunos. Esse número caiu para aproximadamente 16 mil, representando uma redução de mais de 50% no total de matriculados. Diante desse cenário,

---

[21] BRASIL. Medida Provisória nº 936, de 1º de abril de 2020. Institui o Programa Emergencial de Manutenção do Emprego e da Renda e dispõe sobre medidas trabalhistas complementares para enfrentamento do estado de calamidade pública reconhecido pelo Decreto Legislativo nº 6, de 20 de março de 2020, e da emergência de saúde pública de importância internacional decorrente do coronavírus (covid-19). **Diário Oficial da União**, 1º abr. 2020. Disponível em: https://www.planalto.gov.br/ccivil_03/_ato2019-2022/2020/mpv/mpv936.htm. Acesso em: 4 abr. 2025.

fomos obrigados a reavaliar nossa infraestrutura na cidade, o que resultou no fechamento de unidades deficitárias e na devolução de prédios que se tornaram economicamente inviáveis. Essas mudanças foram dolorosas, porém fundamentais para adequar nossa estrutura operacional à nova realidade.

A redução no número de alunos exigiu um redimensionamento significativo de nossa operação em outras regiões também. Nosso objetivo era garantir que o grupo operasse de modo eficiente, mesmo com uma base reduzida de alunos. Paralelamente, investimos na digitalização de processos administrativos e acadêmicos, o que nos permitiu reduzir ainda mais os custos operacionais. A adoção de tecnologias para automação de tarefas e gerenciamento remoto de unidades foi um fator-chave para mantermos nossas atividades em meio a tantas restrições.

Em termos financeiros, essas ações tiveram um papel fundamental na estabilização do grupo. Conseguimos reduzir despesas operacionais de maneira significativa, mantendo a viabilidade econômica mesmo em um período de grande incerteza. Essa eficiência foi essencial para atravessar os piores momentos da pandemia e preparar o caminho para a recuperação.

As medidas de contenção e reestruturação adotadas durante a pandemia não apenas garantiram nossa sobrevivência no curto prazo, como também nos prepararam para enfrentar um mercado educacional transformado. A reavaliação de infraestrutura e a priorização de eficiência operacional se tornaram parte do DNA do Grupo Ser Educacional, permitindo que emergíssemos mais fortes e resilientes. Embora o impacto humano e estrutural dessas mudanças tenha sido significativo, acreditamos que as escolhas feitas naquele momento foram fundamentais para construir um futuro mais sustentável. Hoje, com uma operação mais enxuta e eficiente, estamos mais bem posicionados para enfrentar os desafios do setor e explorar as oportunidades que estão por vir.

Em 2024, o site TI Inside noticiou que o Ser Educacional usou a hiperautomação para economizar 15 mil horas anuais de trabalho, demonstrando como a instituição superou desafios ao otimizar processos internos.[22] Com a implementação dessa tecnologia, conseguimos reduzir em 50% o tempo de atendimento aos estudantes, permitindo que as equipes se concentrassem em tarefas mais estratégicas. Essa reinvenção tecnológica é um exemplo claro de como o Ser Educacional se adaptou para melhorar a eficiência e oferecer uma experiência mais ágil ao público.

Transformação digital e inovação acelerada pela pandemia

A pandemia exigiu respostas rápidas e eficazes para garantir a continuidade do ensino em meio às restrições impostas pelo distanciamento social. Foi assim que, em questão de dias, migramos para o ensino remoto, implementando uma estrutura digital

---

22 SER Educacional economiza 15 mil horas de trabalho com hiperautomação. **TI INSIDE Online**, 27 nov. 2024. Disponível em: https://tiinside.com.br/27/11/2024/ser-educacional-economiza-15-mil-horas-de-trabalho-com-hiperautomacao. Acesso em: 7 jan. 2025.

robusta que nos permitiu continuar operando e fortalecer nosso posicionamento como líderes na inovação educacional.

Um de nossos maiores desafios foi garantir que a transição do presencial para o digital fosse realizada de maneira fluida, sem prejuízo para os mais de 180 mil alunos da época e os 14 mil colaboradores que dependiam de nossa operação. Contávamos com uma base sólida de tecnologia, fruto do programa Ser Digital, uma iniciativa de transformação digital planejada antes da pandemia. Isso nos permitiu colocar em prática, em poucos dias, um modelo de ensino remoto que reproduzia a experiência das aulas presenciais com alto nível de engajamento.

As plataformas desenvolvidas internamente garantiam que os alunos tivessem acesso a um calendário acadêmico integrado, com aulas ao vivo e interatividade com professores e colegas. Essa transição não foi apenas operacional, mas também cultural. Estávamos diante de um cenário no qual a tecnologia precisava ser mais do que uma ferramenta: uma ponte que conectasse pessoas, conhecimentos e possibilidades.

Durante a pandemia, também ampliamos nosso portfólio de iniciativas tecnológicas. Investimos na criação de startups que atendem a demandas específicas da educação, desde a produção de conteúdo até soluções para provas e avaliações. Uma dessas startups foi responsável pelo desenvolvimento de uma plataforma de correção automatizada que utiliza inteligência artificial para avaliar exames com rapidez e precisão.

Lançamos uma rede social profissional inovadora, a Peixe 30, voltada para conectar talentos a empresas, oferecendo uma plataforma dinâmica em que as pessoas podem apresentar habilidades por meio de vídeos curtos, semelhantes ao TikTok. Com milhões de usuários, essa rede se tornou um elemento central de nosso ecossistema, promovendo oportunidades de networking e empregabilidade para alunos e egressos. Além disso, desenvolvemos o BUni, um banco digital, reforçando nosso compromisso em ir além do ensino tradicional e criar ferramentas que transformam carreiras e vidas.

Joaldo Diniz, meu irmão e vice-presidente de Inovação do Grupo Ser, sempre destacou a capacidade do grupo de se reinventar em momentos de crise. A transição para o ensino remoto, feita em tempo recorde, foi um exemplo desse pioneirismo. Fomos a primeira instituição de ensino no Brasil a migrar 100% das operações para o digital, sem que isso comprometesse a essência do ensino presencial.

Além disso, a pandemia serviu como catalisador para o desenvolvimento de tecnologias que já estavam em nosso radar. A aplicação de inteligência artificial, por exemplo, tornou-se um diferencial em processos internos e acadêmicos. Hoje, utilizamos IA para oferecer mentorias personalizadas, identificar lacunas no aprendizado e melhorar a experiência educacional de modo geral.

Esse ecossistema nos posiciona como líderes em inovação e amplia nosso impacto, criando novas formas de engajamento e aprendizado. A perspectiva de Joaldo sobre o futuro da educação reforça a importância dessas iniciativas. Juntos, acreditamos que a transformação digital é um caminho sem volta e que instituições que não se adaptarem a essa nova realidade correm o risco de ficar obsoletas. No Grupo Ser Educacional, estamos preparados para liderar essa transformação, utilizando tecnologia para superar barreiras e construir um ensino mais acessível, eficiente e relevante.

A pandemia e a reinvenção do Instituto

Com a pandemia da covid-19, surgiram desafios inesperados também para o Instituto Êxito. Estávamos acostumados a realizar eventos presenciais – como grandes congressos e seminários que reuniam centenas de jovens de todo o país –, então tivemos de nos adaptar rapidamente à nova realidade digital.

Foi durante esse período que o conceito de empreendedorismo de subsistência ganhou força dentro do Instituto. Com muitas pessoas enfrentando dificuldades financeiras, percebemos a necessidade de criar conteúdos e projetos que as ajudassem a se reinventar por meio do empreendedorismo. Realizamos várias reuniões telepresenciais e continuamos oferecendo nossos cursos e mentorias on-line, garantindo que o Instituto permanecesse ativo e relevante, mesmo em meio à crise global.

Olhando retrospectivamente, a pandemia representou um dos maiores desafios da história do Grupo Ser Educacional, mas também foi uma oportunidade de mostrar resiliência e capacidade de adaptação.

A aposta estratégica nos cursos de Medicina

Em meio às adversidades impostas pela pandemia, ficou evidente a necessidade de revisar profundamente nossas estratégias de atuação. Identificamos nos cursos de Medicina um caminho promissor para a recuperação e a sustentabilidade do Grupo Ser Educacional. Historicamente, os cursos de Medicina apresentam características que os tornam um dos segmentos mais desejados e seguros no mercado educacional superior. A alta demanda por médicos, impulsionada pela expansão das saúdes pública e privada, confere a esses cursos uma resiliência excepcional, mesmo em períodos de crise econômica.

Além disso, a formação médica exige uma estrutura robusta, regulada por padrões rigorosos estabelecidos pelo Ministério da Educação (MEC) e pelo Ministério da Saúde. Isso cria uma barreira natural à entrada de novos competidores, consolidando o segmento como um espaço de alta rentabilidade e competitividade controlada. Reconhecendo esse potencial, decidimos ampliar significativamente nossa atuação nessa área. Essa decisão foi amparada por dados sólidos que apontavam um grande déficit de médicos por habitante em várias regiões do Brasil, especialmente no Norte e no Nordeste, áreas que já faziam parte do escopo de atuação do Grupo Ser Educacional.

Nosso plano estratégico envolveu um esforço concentrado, inclusive judicial, para a aprovação de novos cursos de Medicina, superando desafios regulatórios e estruturais. Cada curso aprovado representava um avanço significativo em nossa meta de diversificação do portfólio e de geração de receitas sustentáveis. Até agora, conseguimos a liberação de cinco cursos e continuamos trabalhando para aumentar esse número. Nossa ambição é alcançar a aprovação de quinze cursos de Medicina até o final de 2026, o que reforçará ainda mais nosso posicionamento.

Os resultados já começam a se refletir nos números do grupo. Cursos de Medicina têm mensalidades superiores a outras áreas, o que contribui para um aumento considerável na receita média por aluno (ARPA) e para a melhoria da rentabilidade operacional. Além disso, a demanda estável e previsível desses cursos nos permite planejar com maior segurança, algo essencial em um mercado que enfrenta volatilidade e incertezas.

Enquanto outros segmentos enfrentavam queda na captação de alunos, inadimplência e evasão, os cursos de Medicina se mantiveram estáveis, evidenciando essa força como um ativo estratégico. Essa estabilidade é acompanhada por um crescimento consistente, mesmo em um cenário macroeconômico desafiador. Segundo o Conselho Federal de Medicina (CFM), a relação médico-habitante no Brasil ainda está abaixo da média recomendada pela Organização Mundial da Saúde (OMS). Essa lacuna representa uma oportunidade de expansão sustentável e socialmente relevante, e estamos comprometidos em contribuir para a formação de profissionais que atendam a essa demanda.

Um estudo realizado pela Educa Insights, a pedido da Associação Brasileira de Mantenedoras de Ensino Superior (ABMES), revela que o Brasil tem atualmente 2,8 médicos para cada mil habitantes, número inferior à média recomendada pela Organização para Cooperação e Desenvolvimento Econômico (OCDE), que é de 3,5 médicos por mil habitantes. A pesquisa indica que o país só deve atingir essa meta em 2030. Em nações economicamente mais desenvolvidas, essa relação é ainda maior, chegando a 4,5 médicos por mil habitantes.[23]

O levantamento também aponta que a quantidade limitada de médicos no Brasil se deve, em grande parte, ao número reduzido de graduados e ao envelhecimento da categoria. De acordo com os dados, 36% dos médicos brasileiros têm 50 anos ou mais, e 21,6% já são considerados idosos. Além disso, a distribuição desses profissionais pelo país é extremamente desigual. Municípios com mais de 500 mil habitantes concentram 62,42% dos médicos do Brasil, enquanto 94,18% das cidades com até 100 mil habitantes contam com apenas 14% desses profissionais.

A pesquisa reforça ainda que a demanda por cursos de Medicina no Brasil é extremamente alta. Em 2020, mais de 1 milhão de candidatos tentaram ingressar em faculdades de Medicina, mas apenas 5% conseguiram uma vaga. Os principais desafios para esses candidatos são o número limitado de vagas, a alta exigência das provas, o nível de concorrência e a dificuldade de financiamento. A ABMES também aponta que, entre os jovens brasileiros de 18 a 24 anos, apenas 2% têm condições financeiras de arcar

---

23 PESQUISA mostra que Brasil só atingirá quantidade de médicos recomendados pela OCDE em 2030. **ABMES**, 24 jan. 2023. Disponível em: https://abmes.org.br/noticias/detalhe/4853. Acesso em: 4 abr. 2025.

com mensalidades superiores a 2 mil reais, o que reduz ainda mais o acesso à formação médica.

Ao apostar nos cursos de Medicina, conseguimos fortalecer nossa posição no mercado educacional e nos diferenciamos da concorrência. Essa decisão estratégica nos posiciona como um dos principais players na formação de profissionais da Saúde no Brasil. Além disso, permite ao Grupo Ser Educacional oferecer um portfólio que vai além da educação básica e superior tradicional, agregando valor a nossa marca e criando oportunidades para parcerias e inovações.

A educação é uma jornada de transformação, e liderar um grupo como o Ser Educacional ao longo de duas décadas tem sido uma das experiências mais desafiadoras e recompensadoras de minha vida.

Há uma grande sabedoria na fábula *O carvalho e o caniço*, de La Fontaine.[24] Um imponente carvalho se gaba da própria força

[24] LA FONTAINE. **Fábulas de La Fontaine**. São Paulo: Martin Claret, 2012.

diante de um frágil caniço, dizendo que ele mesmo jamais se curva ao vento. O caniço reconhece a fragilidade que tem, mas explica que essa flexibilidade permite que se dobre sem quebrar. Então, uma forte tempestade chega. O carvalho, resistente e rígido, enfrenta o vento sem ceder, mas acaba sendo arrancado pela raiz e cai. O caniço, apesar de pequeno e frágil, se curva com o vento e sobrevive.

Quando a pandemia chegou, o mundo parou. Escolas fecharam, empresas recuaram e a economia sofreu um abalo profundo. O ensino superior privado no Brasil enfrentou redução de 13,2% nas matrículas, representando a saída de aproximadamente 858 mil alunos. Além disso, a inadimplência atingiu um patamar recorde de 11,3% em 2020.[25]

No Grupo Ser Educacional, estávamos preparados para o inesperado. Desde 2017, implementamos um robusto projeto de transformação digital, o que nos permitiu uma migração quase imediata para o ensino remoto. Em apenas sessenta dias, conseguimos adaptar 100% de nossas instituições e aproximadamente 800 polos de ensino a distância ao modelo on-line. Foi um trabalho hercúleo, mas essencial para mantermos a continuidade acadêmica. Mais do que isso, foi uma demonstração de nosso compromisso com a educação.

---

[25] SORIMA NETO, J. Faculdades particulares devem fechar 2020 com inadimplência recorde de 11,3%. **O Globo**, 29 jun. 2020. Disponível em: https://oglobo.globo.com/economia/faculdades-particulares-devem-fechar-2020-com-inadimplencia-recorde-de-113-24505226. Acesso em: 7 jan. 2025.

Meus irmãos Jânyo Diniz, CEO do grupo, e Joaldo Diniz foram peças-chave nesse processo. Sempre acreditaram no poder da tecnologia para transformar a educação e lideraram com maestria a integração das ferramentas digitais em nosso ecossistema. "Integramos o Microsoft Teams com nossa plataforma e ERP para que as aulas continuassem com a mesma qualidade. O aluno tinha horário e rotina, como se estivesse na sala de aula, só que agora no ambiente virtual", lembra Jânyo.

De fato, esse preparo foi o que nos permitiu navegar pelas águas turbulentas daquele período. E a pandemia trouxe consigo não apenas desafios operacionais, mas também questões legais e financeiras. Em diversos estados, os tribunais obrigaram as instituições de ensino a conceder descontos significativos nas mensalidades.

Em Alagoas, por exemplo, fomos forçados por decisões judiciais a reduzir em até 50% os valores cobrados de nossos alunos. "Se fôssemos uma faculdade isolada, teríamos quebrado", acredita Jânyo. E ele tem razão. O fato de sermos um grupo educacional robusto foi o que garantiu nossa sobrevivência durante esse período crítico.

A captação de alunos também sofreu um impacto relevante. Estados como o Amazonas, duramente afetados pela pandemia, perderam cerca de 30% da base estudantil. Foi desolador ver os efeitos não apenas na educação, mas também na vida das famílias. Muitos estudantes, filhos de trabalhadores informais, foram forçados a abandonar os estudos por causa da instabilidade econômica.

Durante a pandemia, observamos ainda uma mudança no comportamento das pessoas em relação ao ensino a distância (EaD). Anteriormente vista com desconfiança por muitos, o EaD começou a ganhar força. Em 2020, pela primeira vez, o número de ingressantes em cursos de graduação a distância superou o de presenciais, com 2 milhões de novos alunos no EaD contra 1,75 milhão no ensino presencial. Além disso, entre 2011 e 2021, o número de ingressantes na modalidade EaD aumentou 474%.[26] [27]

Os alunos perceberam que poderiam estudar e trabalhar remotamente, e essa mudança de comportamento abriu novas possibilidades para o setor. Em meio a essa crise, optamos por fazer o que sempre fizemos melhor: inovar. Reconhecemos que não poderíamos permanecer os mesmos. Fizemos ajustes profundos em nossa estrutura, fechamos unidades deficitárias, descontinuamos cursos que não atendiam mais às demandas do mercado e reforçamos áreas estratégicas, como a Saúde.

Sempre acreditei que o sucesso não se constrói na estagnação, e sim na capacidade de antecipar as necessidades do futuro. Por isso, decidimos investir na Medicina como um dos pilares de nosso crescimento. Essa escolha não foi fácil. Enfrentamos

---

26 BOEHM, C. Matrículas no ensino a distância cresceram no primeiro ano da pandemia. **Agência Brasil**, 16 jun. 2022. Disponível em: https://agenciabrasil.ebc.com.br/educacao/noticia/2022-06/matriculas-no-ensino-distancia-cresceram-no-primeiro-ano-da-pandemia. Acesso em: 4 abr. 2025.

27 ENSINO a distância cresce 474% em uma década. **Gov.br**, 4 nov. 2025. https://www.gov.br/inep/pt-br/assuntos/noticias/censo-da-educacao-superior/ensino-a-distancia-cresce-474-em-uma-decada. Acesso em: 5 fev. 2025.

desafios judiciais e regulamentares, mas estávamos certos de que era o caminho a seguir. "A Medicina nos levará a um novo patamar", eu costumava dizer à equipe, e essa convicção guiou nossos esforços.

A inteligência artificial também se tornou uma aliada poderosa em nossa estratégia educacional. Incorporamos essa tecnologia aos currículos acadêmicos, capacitando os alunos para um mercado de trabalho cada vez mais impactado pela IA. Na Medicina, na Engenharia ou na Administração, eles aprendem a utilizá-la como ferramenta de apoio em vez de vê-la como uma ameaça. "Precisamos ensinar nossos estudantes a trabalhar com a inteligência artificial para que ela seja um recurso, não uma substituta", afirmou Jânyo em diversas ocasiões, tanto em debates sobre o futuro do Grupo Ser quanto em entrevistas à mídia.

> Hoje, com a inteligência artificial, nós estamos avançando muito mais para além dessa ideia de aprendizado individualizado, de ajudar o aluno como se ele tivesse um tutor exclusivo. Então, hoje, ele não precisa mais esperar dois dias para falar pessoalmente, a inteligência artificial já o ajuda naquele momento e ele já vai tirar as dúvidas. O aprendizado do ensino a distância assíncrono pode ser muito bom, mas tudo depende do perfil do aluno ou do profissional, então, se o aluno quiser, ele vai ser bom no ensino a distância ou no ensino presencial. A grande diferença é que o ensino a distância exige uma dedicação do aluno muito maior, uma força de vontade, uma disciplina, que no ensino presencial não precisa tanto, porque ele tem uma turma de colegas ali

> do lado dele, incentivando e tem todo dia um professor que cobra dele. O aluno que escolhe o ensino a distância, ele tendo um bom perfil de estudante, ele vai ser tão bom ou melhor profissional do que o aluno do ensino presencial.[28]

A educação nunca será estática. Ela é viva, dinâmica e precisa acompanhar as mudanças da sociedade. Como diria o filósofo e educador americano John Dewey: “Se ensinarmos hoje como ensinamos ontem, roubamos dos nossos filhos o amanhã”.[29]

No Grupo Ser Educacional, acreditamos que o futuro da educação está na personalização. Estamos criando modelos educacionais adaptados às necessidades específicas de cada aluno e às exigências do mercado em que eles pretendem atuar. Não importa se eles serão fisioterapeutas, engenheiros ou administradores, nosso objetivo é prepará-los para que sejam profissionais completos, empreendedores e prontos para os desafios de um mundo em constante transformação.

A educação é o núcleo de nossa missão, e temos paixão por proporcionar transformações significativas a nossos alunos. Continuaremos a reinventar o ensino e a nos reinventar com ele, pois acreditamos que o aprendizado é a chave para um mundo melhor.

---

[28] “COM A IA, avançamos para além do aprendizado individualizado”, diz presidente do grupo Ser Educacional. **Tribuna do Norte**, 13 abr. 2024. Disponível em: https://tribunadonorte.com.br/economia/com-a-ia-avancamos-para-alem-do-aprendizado-individualizado-diz-ceo-do-grupo-ser-educacional. Acesso em: 5 fev. 2025.

[29] DEWEY, J. **Democracy and Education**. New York: Macmillan, 1916.

Com o avanço dos cursos de Medicina, reforçamos nosso compromisso com a qualidade. Investimos continuamente em infraestrutura de ponta, incluindo laboratórios modernos e parcerias com hospitais de renome e clínicas especializadas, para garantir que nossos alunos recebam uma formação prática e alinhada às exigências do mercado de trabalho.

Esse compromisso com a excelência reflete diretamente na reputação do grupo e no sucesso de nossos egressos, que, ao se destacarem no mercado, acabam por promover a marca do Grupo Ser.

Para exemplificar as conquistas do grupo, em 2024 o Ser Educacional fez parte de uma pesquisa científica conduzida pela Universidade de Cambridge, na Inglaterra, o que representou um marco para a instituição brasileira. Convocado para integrar um grupo seleto de especialistas em meio ambiente e sustentabilidade, o Ser Educacional alcançou um novo patamar de reconhecimento internacional. A parceria foi destaque na revista *Veja*:

> Universidade de Cambridge convida Ser Educacional para pesquisa científica – Instituição brasileira fará parte de um grupo seleto de pesquisadores na área de meio ambiente e sustentabilidade, com estudos direcionados à COP30.[30]

Acreditamos que os próximos anos representarão um período de consolidação e expansão. Continuaremos trabalhando para

---

30 GIL, P. Universidade de Cambridge convida Ser Educacional para pesquisa científica. **Veja**, 8 nov. 2024. Disponível em: https://veja.abril.com.br/coluna/radar-economico/universidade-de-cambridge-convida-ser-educacional-para-pesquisa-cientifica. Acesso em: 7 jan. 2025.

aprovar novos cursos, aprimorar a qualidade de nossa oferta e atender às demandas do mercado de modo estratégico e sustentável. Esse é o início de uma nova era para o Grupo Ser Educacional, e estamos preparados para aproveitar ao máximo as oportunidades que virão.

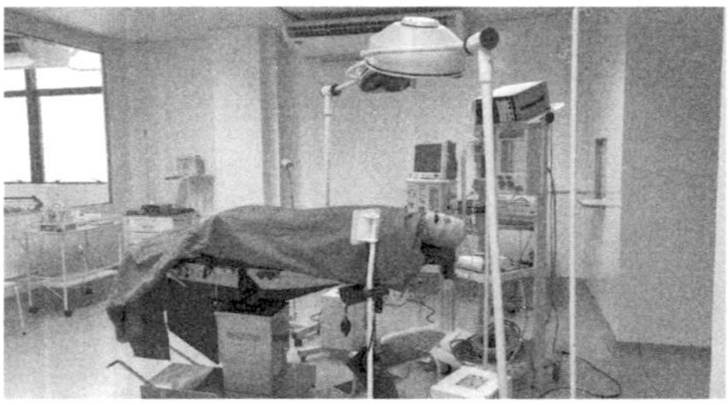

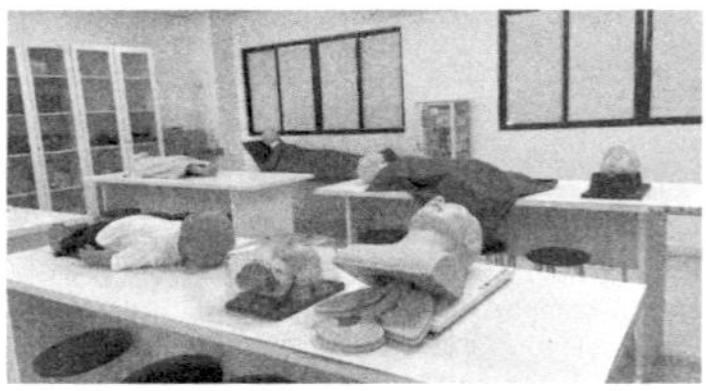

Aula prática no laboratório de anatomia em Boa Viagem (Recife). Fonte: divulgação.

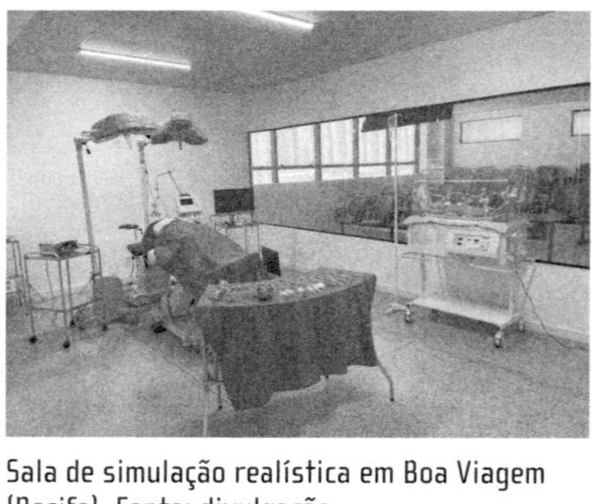

Sala de simulação realística em Boa Viagem (Recife). Fonte: divulgação.

Perspectivas futuras e otimismo

Como Joaldo sempre afirma: "O mercado educacional está em plena transformação. Assim, o futuro da educação não será apenas presencial ou digital, mas híbrido e centrado na experiência do aluno". Essa visão é compartilhada por todos nós no Grupo Ser Educacional e orienta nossas iniciativas de inovação, desde o aprimoramento de nossas plataformas digitais até o desenvolvimento de um ecossistema educacional mais robusto.

Considerando as mudanças implementadas e as tendências do mercado, acredito que os próximos anos serão ainda mais promissores para o Grupo Ser Educacional, embora 2024 tenha sido um ano já bastante positivo. O foco em cursos de alta rentabilidade, como Medicina, combinado à eficiência operacional alcançada, nos dá a confiança de que experimentaremos um crescimento contínuo e sustentável. Projeções internas e de mercado indicam um aumento significativo na receita e na lucratividade nos próximos anos do Grupo Ser, acompanhando a recuperação econômica do Brasil e a retomada da confiança no setor educacional privado.

Apesar dos desafios enfrentados, nunca perdemos de vista nosso compromisso com a qualidade educacional. Meu irmão Jânyo ressalta sempre que o diferencial do Grupo Ser Educacional está na capacidade de responder com agilidade às demandas do mercado, mantendo o aluno no centro de todas as decisões. Essa filosofia continua a guiar nossas ações, seja na expansão de nossa oferta educacional, seja na criação de soluções que promovam a inclusão e a acessibilidade.

Como exemplo de medidas transformadoras, o site das Nações Unidas, na seção Perspectivas Globais – Reportagens Humanas, destacou: "Empresa brasileira apresenta projetos de inclusão em conferência da ONU":

> Na 17ª Conferência dos Estados Partes da Convenção sobre os Direitos das Pessoas com Deficiência, o diretor de Governança Ambiental e Social do Grupo Ser Educacional destacou várias iniciativas de acessibilidade.
> No evento global na sede da ONU em Nova Iorque, Sérgio Murilo falou de Projetos como "Praia Sem Barreiras" e uma iniciativa que promove bicicletas adaptadas. Em 12 estados brasileiros, as ações foram apresentadas como exemplos de inclusão social e inovação.[31]

Além disso, reconhecemos que o futuro da educação está intrinsecamente ligado ao impacto social. Investimos em iniciativas que vão além da sala de aula, como programas de empregabilidade, parcerias com o setor privado e o desenvolvimento de startups educacionais. Nosso objetivo não é apenas formar profissionais, mas também transformar vidas e comunidades, ampliando nosso impacto positivo na sociedade.

---

31 EMPRESA brasileira apresenta projetos de inclusão em conferência da ONU. **ONU News**, 14 jun. 2024. Disponível em: https://news.un.org/pt/story/2024/06/1833116. Acesso em: 4 abr. 2025.

A crise nos ensinou que, em tempos de adversidade, a coragem, a visão e a resiliência são fundamentais. Hoje, com uma estrutura mais enxuta e processos mais eficientes, além de um portfólio diversificado, vejo o Grupo Ser Educacional preparado para explorar as oportunidades que o futuro reserva.

Estou confiante de que continuaremos a liderar a transformação do setor educacional no Brasil. Os desafios do passado nos fortaleceram, e as oportunidades do futuro nos inspiram. Seguimos firmes em nossa missão de oferecer uma educação de qualidade, acessível e transformadora, contribuindo para um Brasil mais justo e desenvolvido.

CAPÍTULO 4
Fundação da Epitychia

Todo mundo começa forte. O sucesso vem para aqueles que têm um compromisso inabalável de continuar assim até o fim.

Howard Schultz[32]

Como mencionado anteriormente, a estreia do Grupo Ser Educacional no mercado de capitais resultou na arrecadação de 1,7 bilhão de reais por meio de duas operações financeiras. Metade desse valor foi destinada a investimentos secundários, ou seja, ao lucro dos sócios. Como eu detinha 88% das ações, a maior parte desse montante veio diretamente para mim.

Com esse recurso, decidi criar uma empresa de investimentos, inicialmente chamada JJ Participações – nome sugerido por

32 Frase comumente atribuída ao empresário fundador e atual presidente emérito da rede Starbucks, Howard Schultz (1953-).

Márcio Santos, que iniciou a trajetória na Vão Livre, uma empresa de estrutura metálica e um dos primeiros projetos em que investimos –, que mais tarde passou a se chamar Epitychia (do grego sucesso).

A Epitychia nasceu da necessidade de diversificar os investimentos familiares, fora do setor educacional. Com a visão de meu filho, Thales Janguiê, de expandir nossos horizontes, a empresa surgiu como a primeira iniciativa nesse sentido. O foco era gerir empreendimentos em novas áreas, como saúde, tecnologia e varejo, além de atuar com a Vão Livre.

Quando vendemos a Vão Livre para o antigo dono, Márcio começou a trabalhar na JJ Participações, enquanto Thales, embora morasse em São Paulo e trabalhasse no banco de investimentos Credit Suisse, acompanhava de longe as operações da empresa. Em 2019, quando me mudei para São Paulo, convidei Thales, que na época estava em um fundo de investimentos, para liderarmos juntos a transformação da JJ Participações em Epitychia.

Desafios e formação da equipe

Os desafios iniciais que enfrentamos foram muitos, afinal a JJ Participações era um negócio simples, quase caseiro. Precisávamos formar uma equipe sólida e bem estruturada, com as pessoas certas – o que não é tarefa fácil no mercado. Criar uma estrutura de *family office* profissional era essencial para o crescimento que planejávamos.

Focamos, então, contratar profissionais talentosos e capacitados. Montamos, primeiramente, um time de investimentos, com diretores, coordenadores e analistas. Depois, formamos as equipes jurídicas, com advogados em Recife; de back office, liderada por Márcio Santos; de TI, para apoiar nossas operações tecnológicas; e de comunicação, para dar suporte a nossas necessidades. Com essas equipes, estruturamos a Epitychia para operar de maneira eficiente e eficaz.

Estrutura e processos da Epitychia

As decisões de investimento da Epitychia são tomadas em comitês semanais, nos quais analisamos as oportunidades previamente filtradas por nossa equipe. Com frequência, Thales apresenta oportunidades que considera promissoras, e conduzimos análises detalhadas para validar essas decisões.

Em termos de decisões estratégicas, Thales e eu somos os principais responsáveis. No entanto, sempre ouvimos as opiniões dos outros diretores e de nosso Conselho. Essa dinâmica permite uma gestão equilibrada, fundamentada nas melhores práticas de mercado.

Atualmente, a Epitychia investe em diversas áreas fora da educação, incluindo até mesmo o mercado de apostas, que foi recentemente legalizado no Brasil. Também temos investido na área pet, buscando sempre diversificar ao máximo nossos investimentos, com o objetivo de minimizar riscos e maximizar retornos.

Identificar e escolher as oportunidades de investimento é um processo contínuo. Nossa equipe de investimentos mantém contato constante com boutiques de fusões e aquisições (M&A), empreendedores e outros investidores. Participamos de eventos do setor e utilizamos nossa rede de contatos para captar as melhores oportunidades de mercado.

Negócio familiar

Negócios familiares têm desafios e vantagens. O trabalho com meu filho Thales facilita a comunicação e nos dá flexibilidade, mas também exige um cuidado constante para separar o pessoal do profissional. Em algumas situações, questões familiares surgem em momentos inadequados, o que pode gerar desconforto entre os colaboradores.

Thales conta que: "Embora, em sua maioria, consiga separar os papéis, o vínculo familiar pode dificultar pela intimidade que existe entre mim e meu pai. No entanto, sempre respeito a geração mais velha e busco fundamentar minhas ideias, de modo que elas sejam ouvidas".

Como em qualquer empresa, divergências e conflitos de interesse fazem parte do dia a dia. Porém, buscamos sempre embasar nossas decisões em argumentos sólidos, garantindo que todos estejam alinhados com a visão e os objetivos do negócio. "Para mim, é essencial se preparar e investir no aprendizado contínuo", aconselha Thales a quem pensa em dar seguimento a um negócio da família. "Nunca pare de estudar, faça pós-graduação, MBA, mestrado e doutorado. Busque também experiência de trabalho fora da empresa familiar. Essa dinâmica, embora desafiadora, fortalece nossa parceria e impulsiona o crescimento da empresa", completa.

Adaptações às mudanças do mercado

Estamos sempre atentos às transformações do mercado. Nossa equipe de investimentos acompanha de perto as tendências, participa de eventos e ajusta as estratégias conforme necessário. Essa postura dinâmica nos permite identificar oportunidades e otimizar nosso portfólio.

A trajetória até aqui tem sido marcada por desafios e aprendizados. A transição da JJ Participações para a Epitychia representou um passo fundamental, abrindo caminho para novos horizontes e consolidando nossa posição no mercado. Seguiremos nos adaptando e inovando, sempre em busca de crescimento e novas oportunidades.

A Epitychia tem uma história de visão, perseverança e adaptação. Desde os primeiros passos com a JJ Participações até a formação de uma estrutura robusta e diversificada, temos trabalhado incansavelmente para alcançar nossos objetivos. Com uma equipe dedicada e uma liderança forte, estamos preparados para enfrentar os desafios futuros e continuar a crescer e prosperar no mercado de investimentos.

Time da Epitychia no escritório em São Paulo. Fonte: arquivo pessoal.

Investimento na Edulabzz (Toolzz)

A história da Edulabzz teve início em 2013, marcada pelo surgimento de uma ideia que redefiniria a educação tecnológica no Brasil. Criada por Nikolas Soares Faria e Lucas Moraes, sócios e amigos de longa data, a empresa nasceu com a missão de desenvolver soluções inovadoras para o setor. Foi dessa jornada que surgiu a Toolzz, a principal plataforma do negócio, consolidando a Edulabzz como referência em tecnologia educacional.

Desde a época da escola, ambos já demonstravam interesse pelo universo das startups e por eventos do setor, enxergando um enorme potencial nessa área. Começaram com pequenos projetos, como a criação de sites e logotipos, e rapidamente ampliaram a visão para algo maior.

No início, a faculdade parecia ser o caminho natural, mas rapidamente perceberam que o mundo acadêmico estava desconectado do dinamismo do mercado tecnológico. Decidiram se dedicar integralmente à agência de desenvolvimento de sites e logotipos. Participar de eventos de startups proporcionou a eles uma rede de contatos valiosa e uma visão mais clara do que poderiam alcançar. Trabalharam gratuitamente na Associação Brasileira de Startups, absorvendo conhecimentos e construindo uma base sólida para os futuros empreendimentos.

Em 2014, organizaram um *hackathon*[33] para o Google, um desafio que abriu portas importantes. A vitória no evento deu a eles acesso a uma aceleração[34] pelo Bradesco e a um espaço na

---

33 Maratona de programação em que desenvolvedores, designers e outros profissionais se reúnem para criar soluções inovadoras em um curto período, geralmente entre 24 e 48 horas. O objetivo é resolver desafios específicos, desenvolver novos produtos ou aprimorar tecnologias existentes.

34 Processo estruturado de suporte ao crescimento de novos negócios. Envolve mentorias, acesso a investidores, networking e recursos para aprimorar o modelo de negócio, validar soluções e escalar a empresa mais rapidamente.

Avenida Brigadeiro Faria Lima, em São Paulo, um dos principais polos de inovação e negócios do país. Foi nesse ambiente efervescente que conheceram Ana Paula Temporim, que se tornou sócia. Com a proposta de criar um jogo educativo, similar a *The Sims*, voltado para a educação financeira, venceram a competição e ganharam uma base sólida para continuar inovando. O jogo foi um sucesso, ensinando jovens a economizar e a compreender o sistema financeiro de maneira lúdica.

O avanço desse projeto levou ao desenvolvimento de um segundo jogo, desta vez focado em gestão empresarial. A inovação chamou a atenção de Ernesto Haberkorn, fundador da Totvs, e marcou um novo direcionamento: a criação de tecnologias educacionais com aplicação real no mercado. Com a experiência adquirida, começaram a desenvolver uma plataforma de ensino a distância, vislumbrando um sistema que pudesse competir com gigantes como Hotmart e Moodle. Queriam oferecer uma experiência moderna e acessível, alinhada às expectativas de uma geração acostumada com Netflix e Twitch.

A necessidade de um investidor se tornou clara quando Nikolas e Lucas perceberam a magnitude do projeto. Foi nesse momento que, por meio da Epitychia Investimentos, entramos na jogada. A partir de então, tornei-me não apenas um investidor, mas também um mentor e parceiro estratégico. Eles compreenderam que, para construir algo grandioso, precisavam de alguém ao lado. Consegui enxergar além do momento presente, percebendo o potencial de longo prazo da ideia deles: uma plataforma educacional inovadora, capaz de transformar o aprendizado.

Tenho muito orgulho de afirmar que a participação da Epitychia foi fundamental em momentos críticos, como quando enfrentaram problemas com sócios e processos judiciais. Nós acreditamos no projeto e no potencial dele, permitindo que continuasse a crescer e inovar.

Com o investimento da Epitychia, a empresa conseguiu pivotar o modelo de negócio, ou seja, mudar a estratégia, redirecionando o foco do desenvolvimento de jogos para a criação de aplicativos e plataformas. Um dos projetos mais significativos da Edulabzz foi uma plataforma de ensino a distância que se tornou a base para nossa evolução. A partir do código desenvolvido para um cliente, criaram um sistema do zero, com o objetivo de competir com as melhores plataformas do mercado. Cientes da necessidade de uma transformação digital profunda na educação, estavam preparados para liderar essa mudança.

A plataforma de sistema de gestão da aprendizagem (Learning Management System – LMS), que evoluiu para plataforma de experiência de aprendizagem (Learning Experience Platform – LXP), tornou-se um diferencial no mercado. Eles ofereceram soluções que permitem a empresas e instituições educacionais criarem as próprias "Netflix" de conteúdo educacional. Grandes empresas, como iFood e Bradesco, adotaram essas tecnologias para treinar colaboradores e clientes, compreendendo o valor de uma experiência educacional envolvente e moderna.

Em 2019, a Edulabzz começou a desenvolver inteligência artificial aplicada à educação. Em dezembro de 2020, a revista *Exame* noticiou:

> Com projeto e planejamento de expansão, através de crescimento orgânico e de aquisições em âmbito nacional, o grupo Ser Educacional avaliou várias opções de LMS, o sistema de gestão de aprendizado, e escolheu a Toolzz, software totalmente personalizável, criado Edulabzz. [...] Segundo o executivo, existem módulos no pacote do Toolzz e cada um é dedicado para uma experiência. O Toolzz Play, por exemplo, é criado para os alunos e oferece uma prática de aprendizagem alinhada com as novas gerações. [...] Para os professores, o módulo Toolzz Master permite criar conteúdos, trilhas de aprendizagem, roteiros formativos, atividades, quizzes, provas, correção de atividades e personalizar aulas digitais por meio da ferramenta de autoria. É possível também gamificar o conteúdo no formato de pílulas de aprendizagem.[35]

Em 2022, foi lançado o Toolzz AI, uma plataforma voltada para a criação de agentes de IA para empresas. A implementação de uma IA capaz de interagir e fornecer respostas em tempo real transformou a abordagem educacional da empresa e, ao mesmo tempo, abriu caminho para a atuação no mercado de inteligência artificial e automação.

A parceria com a Ecovias é um exemplo do impacto dessa tecnologia, que possibilitou análises rápidas e precisas de dados

---

[35] FILIPPE, M. Grupo Ser Educacional fecha contrato com a startup Edulabzz. **Exame**, 14 dez. 2020. Disponível em: https://exame.com/negocios/grupo-ser-educacional-fecha-contrato-com-a-startup-edulabzz. Acesso em: 25 abr. 2025.

essenciais para a operação das rodovias. As soluções desenvolvidas pela Toolzz foram projetadas no modelo *plug-and-play*, garantindo uma transição fluida para empresas que buscam modernizar processos e treinamentos.

A Toolzz se tornou, então, mais do que uma plataforma de tecnologia educacional; é um ecossistema de soluções que atende às necessidades de empresas de todos os tamanhos e setores. A conquista foi noticiada pelo *Valor Econômico* em 2021:

> "Com a solução, é possível criar uma plataforma própria de EAD, com a identidade visual da escola ou empresa", explica o CEO e fundador Lucas Moraes. "Desenvolver um sistema on-line do zero leva tempo, e muitas instituições não possuem equipes técnicas para conduzir a operação", diz o empreendedor [...].
>
> Moraes, que conquistou clientes como o grupo Ser Educacional e a CPFL Energia, afirma que um dos fatores que ajudou a dinamizar as vendas foi a criação de campanhas de teste, em que o sistema pode ser usado gratuitamente por sete dias. Outro atrativo foi a facilidade de interação. "Os alunos podem assistir a conteúdos como se fosse uma Netflix da escola e ouvir podcasts educacionais com uma conexão parecida com o Spotify".[36]

[36] SARAIVA, J. Fornecedores de soluções para EAD crescem na crise. **Valor Econômico**, 8 fev. 2021. Disponível em: https://valor.globo.com/publicacoes/suplementos/noticia/2021/02/08/fornecedores-de-solucoes-para-ead-crescem-na-crise.ghtml. Acesso em: 5 fev. 2025.

Sempre busquei algo além do lucro financeiro: a transformação da educação e o impacto positivo na vida de milhares de pessoas. Essa visão se tornou o alicerce da Edulabzz, um ecossistema que impulsiona a inovação e o desenvolvimento de tecnologias capazes de moldar o futuro da educação. A Toolzz é a extensão natural desse propósito, funcionando como um laboratório no qual exploramos soluções para os desafios do setor educacional.

Hoje, a Edulabzz é uma empresa global, com colaboradores e clientes em diversos países. Opera 100% em home office, utilizando plataformas como o Discord para manter a comunicação e a produtividade. Essa abordagem permitiu uma rápida expansão, adaptando-se às necessidades do mercado e integrando novas tecnologias com agilidade.

O objetivo é claro: ser líder na transformação digital da educação. A parceria com a Epitychia é a base desse sucesso, e a determinação em continuar inovando é o motor que os impulsiona.

Janguiê e Lucas Moraes registrando o investimento estratégico na Edulabzz.

Investimento na Bossa Invest

Quando fundaram a Bossa Invest, João Kepler e o sócio Pierre Schurmann tinham uma visão bem definida do futuro: apoiar startups em estágio inicial, oferecendo capital e orientação estratégica para impulsionar o crescimento delas. O projeto surgiu da união das experiências de ambos como investidores-anjo e, em 2015, tornou-se uma estrutura profissional consolidada.

A união com o grupo BMG marcou um momento decisivo na trajetória da Bossa, trazendo os primeiros acionistas externos além dos fundadores. A parceria proporcionou uma estrutura de suporte e recursos essenciais para impulsionar o plano ambicioso de investir em milhares de empresas. Esse movimento foi fundamental para profissionalizar ainda mais as operações e expandir a capacidade de investimento.

Com o tempo, atraíram vários investidores cotistas, como Thiago Oliveira, que se tornou um dos principais acionistas e levou à Bossa a expertise em gestão de pessoas, o que foi fundamental para o desenvolvimento organizacional da empresa.

Outro momento significativo foi a entrada de Thiago Nigro, o Primo Rico. A Bossa necessitava de uma distribuição mais ampla para popularizar a marca. Nigro trouxe uma visibilidade única, ajudando a Bossa a alcançar um público maior e mais diversificado. Cada sócio que entrou na Bossa contribuiu de maneira singular para o crescimento dela, agregando valor e complementando as competências existentes.

Quando Kepler e os sócios decidiram preparar a Bossa para uma IPO, identificaram a necessidade de um parceiro com expertise em escalabilidade, governança e compliance. Foi nesse contexto que minha parceria com a empresa, por meio da Epitychia, se concretizou.

Eu atuava como investidor de dois *pools* da Bossa, que são grupos de investidores que unem recursos para aplicar em uma carteira diversificada de empresas. Minha entrada como sócio e acionista ocorreu após a saída de Pierre, que seguiu novos rumos empresariais. Adquiri 25,5% das ações da Bossa Invest, oferecendo uma nova abordagem corporativa.

Com essa transição, contribuí para o fortalecimento da governança, a implementação de um compliance eficiente e a reestruturação da auditoria. Minha experiência e visão estratégica foram essenciais para alinhar a empresa aos padrões do mercado de capitais, revisando processos internos e otimizando a operação para a futura IPO.

Além dos aspectos técnicos, a parceria com a Epitychia Investimentos se deu por motivos pessoais. Nossa relação de amizade e respeito mútuo facilitou a escolha. Sempre valorizei a confiança e a lealdade em minhas parcerias, e minha relação com João Kepler exemplifica esses valores.

A confiança é um elemento fundamental para o sucesso das equipes de trabalho. Estudos indicam que altos níveis de confiança entre os membros de uma equipe estão associados a um aumento significativo na coesão e na colaboração. Por exemplo, uma pesquisa da Universidade de Stanford revelou que equipes com altos níveis de confiança mútua tendem a ser mais coesas e colaborativas, resultando em um aumento de 20% na eficiência e na resolução de problemas.[37]

Além disso, a confiança mútua influencia diretamente a comunicação e a resolução de conflitos dentro de uma equipe. Dados da consultoria McKinsey mostram que equipes com um ambiente de confiança são mais propensas a resolver desafios de modo eficaz e a manter um clima positivo de trabalho.[38]

A entrada da Epitychia na Bossa também representou uma escolha estratégica pela confiança que eu tinha no projeto e pelo alinhamento de visões. Vi na Bossa Invest um grande potencial e acreditava no plano de crescimento. Essa sinergia foi essencial para fortalecer a colaboração e avançar em direção a nossos objetivos.

Com a entrada de novos sócios e a reestruturação da governança, a Bossa evoluiu de uma simples empresa de investimentos-anjo para uma entidade robusta e preparada para os desafios do mercado. Hoje, ela se encontra em plena evolução rumo a uma futura IPO, prevista para acontecer nos próximos anos. Esse processo está sendo meticulosamente planejado e executado, garantindo que estejamos prontos para essa nova fase.

Aprimorar a governança e implementar uma auditoria rigorosa são apenas alguns exemplos das mudanças positivas que

---

[37] ÉTICA na liderança e influência sobre equipes de trabalho. **Honestivalues**, 28 ago. 2024. Disponível em: https://honestivalues.com/pt/blogs/blog-etica-na-lideranca-e-influencia-sobre-equipes-de-trabalho-45396. Acesso em: 4 abr. 2025.

[38] ESTRATÉGIAS para fortalecer a coesão no ambiente de trabalho em equipe. **Trabeq**, 28 ago. 2024. Disponível em: https://trabeq.com/pt/blogs/blog-estrategias-para-fortalecer-a-coesao-no-ambiente-de-trabalho-em-equipe-45203. Acesso em: 5 fev. 2025.

ocorreram na Bossa. Essas melhorias não só aumentaram nossa credibilidade no mercado, mas também nos prepararam para enfrentar os desafios futuros com mais segurança e eficiência.

Acredito que o futuro da Bossa será brilhante, e continuaremos trabalhando arduamente para alcançar nossos objetivos. A entrada da Epitychia e a reestruturação que se seguiu são provas da dedicação da Bossa em buscar excelência em todas as áreas. A preparação para uma listagem no mercado de capitais é um marco importante, e é apenas o começo de uma nova fase. Estamos animados com as possibilidades que se abrem e confiantes na capacidade da Bossa de continuar crescendo e inovando. A trajetória da Bossa é uma prova de que, com visão, planejamento e parcerias sólidas, é possível alcançar grandes realizações.

A Bossa é um projeto em constante evolução, tendo investido em mais de 1.700 startups e estando pronta para enfrentar os desafios e aproveitar as oportunidades que o futuro reserva.

Bossa Invest anunciada na Nasdaq, em Nova York. Fonte: divulgação.

João Kleper, Janguiê e Thales Diniz. Fonte: divulgação.

Thales Janguiê (à direita), João Kepler e Janguiê Diniz. Fonte: divulgação.

ECONOMIA

www.diariodepernambuco.com.br/economia

06

DIARIO de PERNAMBUCO

DÓLAR 5,448 | EURO 6,817 | BOLSAS | POUPANÇA 0,5000 0,1590 | CDB 5,17 | SELIC 2,75 | INFLAÇÃO

Bossanova anuncia entrada de Janguiê

O novo acionista, com know-how no mercado de capitais, terá como missão ajudar na estratégia empresarial e gestão da investidora

A Bossanova Investimentos, micro venture capital que investe em startups em estágio pré-seed com atuação em todo o país, anunciou a chegada do empresário Janguiê Diniz em seu quadro de acionistas. Ele adquiriu 25% da empresa por valor não revelado.

Com o novo acionista, a investidora pretende acelerar sua missão de democratizar o acesso ao capital por meio de investimentos em série no estágio inicial. E isso terá o reforço da expertise e know-how de Janguiê no mercado de capitais. Dono do family office Epitychia e fundador do grupo Ser Educacional, o empreendedor vai ajudar na estratégia empresarial e gestão da investidora.

Janguiê passa a atuar ativamente na Bossanova a partir da próxima segunda-feira. "É muito bom ver como minha relação com a Bossanova vem sendo construída e se fortalecendo ao longo dos últimos anos, sempre baseada na confiança e parceria, e que culminou nessa sociedade. Espero colaborar com o crescimento de todo o grupo e também ajudar no estímulo às startups brasileiras, pois sabemos o potencial que o nosso país tem nesse campo", avalia.

O novo acionista da Bossanova teve a trajetória pautada na educação. Em 2003 criou a Faculdade Maurício de Nassau, embrião do grupo Ser Educacional, um dos maiores grupos de ensino superior do País e listado na Bolsa de Valores desde 2013. Além de fundador, Janguiê preside o Conselho de Administração do grupo. Em 2014 criou a Epitychia, seu family office focado em Private Equity, Venture Capital e Real Estate e que fica sediado em São Paulo. Desde então, investiu em startups e empresas com modelos de negócios escaláveis.

Segundo João Kepler, CEO da investidora, apesar de Janguiê ter investimentos junto à Bossanova em diversas startups, a entrada dele como acionista é um passo maior. "É um empresário que veio para nos agregar com sua visão e conhecimento no mercado de capitais, por já possuir uma empresa listada na Bolsa de Valores. Essa adição vai contribuir para o crescimento da Bossanova e do ecossistema brasileiro de startups", finaliza.

Janguiê passa a atuar na investidora a partir de segunda-feira

Sobre a Bossanova

A empresa surgiu em 2015 com a união do portfólio dos investidores anjos João Kepler e Pierre Schurmann, a Bossanova Investimentos cresceu com novos sócios: o Grupo BMG, desde 2017; o empresário Thiago Oliveira, desde 2019; o Grupo Primo, desde março deste ano, liderado por Thiago Nigro, e agora Janguiê Diniz, da Epitychia. Em seu portfólio, mais de 550 startups como RankMyApp, Smartrint, Kiwo, Hand Talk e saídas (exits) em startups como dLieve, Agenda Edu e Pedala.

Destaque no *Diário de Pernambuco*. Fonte: reprodução.

Thiago Nigro, o Primo Rico, com João Kepler e Janguiê Diniz. Fonte: arquivo pessoal.

Momentos do Bossa Summit. Fonte: divulgação.

Investimento na GreatPages

Alison Zigulich começou a jornada como programador aos 13 anos, trabalhando em diversos projetos. Aos 16, construiu uma agência de marketing na qual desenvolveu, principalmente, habilidades de marketing e vendas, e a vendeu aos 24. Depois disso, esse obstinado se concentrou na aceleração de pequenas e médias empresas, pelas quais cobrava uma porcentagem para desenvolvê-las e, em seguida, vendia essa parte. Nesse período, trabalhou com várias empresas, incluindo uma rede de hotéis, indústrias, empresas de tecnologia e até e-commerces.

Em 2020, Alison começou a realizar vários testes com ideias de ferramentas para identificar quais tinham mais potencial de mercado, o que resultou no nascimento da GreatPages, a partir de um teste bem-sucedido. Ele percebeu a demanda existente e alinhou a ferramenta com a experiência em estruturas anteriores. Nesse momento, conheci Alison por acaso durante um jantar em minha casa. A partir desse encontro, iniciamos uma relação que, na semana seguinte, evoluiu para uma parceria formal com a Epitychia.

Em julho de 2021, a revista *Forbes* noticiou:

> O bilionário brasileiro Janguiê Diniz, fundador do grupo Ser Educacional, anunciou a aquisição de 30% da startup GreatSoftwares por meio de seu family office Epitychia. Sediada em Balneário Camboriú (SC), a empresa desenvolve plataformas digitais com foco em empreendedores. A solução mais conhecida da startup é a GreatPages, que possibilita a criação de sites e páginas estáticas [...]. Após

> o lançamento da solução, em dezembro de 2020, a startup viu seu faturamento triplicar. O crescimento acelerado foi o que atraiu o bilionário para o negócio. "É uma empresa que demonstra DNA inovador e que, sem dúvida, tem um enorme campo para crescer e alcançar novos mercados", avalia. "Vamos trabalhar bastante para fazer com que o empreendimento se desenvolva exponencialmente e alcance novos patamares".[39]

Até aquele momento, a GreatPages tinha um volume de 12 milhões de acessos e mais de 8 mil empresas cadastradas. Atualmente, esse número é dez vezes maior. Nos primeiros meses do negócio, foi feita uma oferta inicial para uma base de clientes de outras empresas que Alison já possuía. A resposta foi positiva, e a empresa passou a ganhar tração.

Quando entrei na história, as coisas realmente começaram a acelerar. Confiei no projeto e, após uma breve conversa, concordei em investir. Em menos de 24 horas, já tínhamos um contrato assinado. O próximo passo foi incentivar Alison a se mudar com a família para São Paulo e transferir a sede da empresa para a cidade. Esse processo foi diferente do usual na Epitychia, que normalmente segue um fluxo mais formal e estruturado de avaliação.

---

39 BILIONÁRIO brasileiro adquire participação em startup focada em soluções para empreendedores digitais. **Forbes**, 21 jul. 2021. Disponível em: https://forbes.com.br/forbes-money/2021/07/bilionario-brasileiro-adquire-participacao-em-startup-focada-em-solucoes-para-empreendedores-digitais. Acesso em: 5 fev. de 2025.

Nesse caso, a confiança que tive em Alison foi suficiente para fechar o acordo rapidamente. Esse investimento não era apenas financeiro, pois ele buscava mais um mentor do que dinheiro. Queria alguém que pudesse orientá-lo e ajudá-lo a construir a empresa de maneira sólida. O chamado *smart money*.

Os recursos da Epitychia foram utilizados de maneira otimizada. A GreatPages expandiu presença, penetrando em novos mercados e desenvolvendo novos produtos. Hoje, estamos presentes em cerca de sessenta países, com mais de 1,2 milhão de sites publicados e nos preparando para abrir operações também em línguas inglesa e espanhola.

O investimento da Epitychia, tanto financeiro quanto de *smart money*, foi transformador. A GreatPages, que começou como uma ferramenta de tecnologia, evoluiu para uma holding chamada ACLR, que agora abriga várias outras empresas, incluindo a Number (software para gestão financeira), a Boom Cafés (indústria de cafés), a Agências Lucrativas (treinamentos para agências de marketing) e outras startups de tecnologia. Esse crescimento diversificado foi acelerado graças ao apoio estratégico e à orientação recebidos.

A holding ACLR continua a expandir o portfólio, integrando novas empresas e produtos. Tenho muito orgulho de ter feito parte desse processo, ajudando a moldar a estratégia e a visão de longo prazo da empresa.

As expectativas para o futuro da GreatPages e da holding ACLR são promissoras. Continuamos a explorar novos mercados e a desenvolver novas soluções tecnológicas. O objetivo é solidificar nossa presença global e continuar a crescer de modo sustentável.

Nas palavras do próprio Alison: "Essa jornada tem sido repleta de aprendizados e desafios. A parceria com a Epitychia e o Janguiê Diniz foi um catalisador para o nosso crescimento e sucesso".

Alison Zigulich, da GreatPage, e Janguiê Diniz. Foto: divulgação.

Investimentos na Pitang Agile IT

A história da Pitang começou em 2005, quando foi criada como um spin-off[40] do Centro de Estudos e Sistemas Avançados do Recife (CESAR), um dos centros mais renomados de tecnologia no Brasil. Fundada por ex-colaboradores do CESAR, a empresa visava levar para o mercado as metodologias ágeis e a expertise em desenvolvimento de software adquiridas no centro de excelência.

Mais tarde, a Pitang foi adquirida por Antônio Valença, Gustavo Bastos, Roberto Borges e Claudio Castro, empreendedores que enxergaram o potencial de atender à crescente demanda por soluções tecnológicas no Brasil. Em 2021, decidi ampliar meus horizontes de investimento e, por meio da Epitychia, adquiri 20% da Pitang.

A decisão foi motivada pela convicção de que, juntos, poderíamos alcançar novos patamares de excelência no setor de TI. Na época, concedi uma entrevista exclusiva ao jornal *Estadão* para falar sobre a aquisição:

> Por meio do Venture Capital Epitychia estamos investindo em outras empresas, especialmente startups ligadas à área de tecnologia. Já investimos em várias e devemos anunciar outras. Estávamos há seis meses negociando com essa

---

[40] Termo utilizado para descrever uma empresa que nasce a partir de uma organização maior, com o objetivo de explorar novas oportunidades de negócios e tecnologias.

> empresa de tecnologia, chamada Pitang, que é uma das maiores de tecnologia, faturou quase R$ 100 milhões no ano passado. Ela tem sede em Pernambuco, mas também tem filial em São Paulo. Depois de seis meses de auditoria, fechamos o contrato. O objetivo principal é aumentar o faturamento, a rentabilidade e levá-la ao IPO.[41]

O nome Pitang foi inspirado na fruta tipicamente brasileira, simbolizando tanto a origem nacional quanto o desejo de prosperar em um mercado competitivo. Desde o início, a Pitang focou o desenvolvimento de soluções inovadoras, com uma abordagem voltada para a transformação digital dos clientes. A empresa se posicionou como uma consultoria de tecnologia especializada em soluções digitais, com ênfase em serviços como desenvolvimento de software sob medida e adoção de metodologias ágeis, atendendo a diversos setores, incluindo finanças, saúde, varejo e governo.

Nos primeiros anos, a Pitang enfrentou os desafios típicos de uma startup: conquistar clientes, estabelecer credibilidade e se destacar em um mercado em constante evolução. Contudo, com a liderança visionária de Claudio Castro e dos sócios, juntamente com a equipe, rapidamente a empresa se posicionou como um player relevante no Nordeste. Uma das grandes viradas

---

41 OLIVEIRA, I. de. Fundador da Ser Educacional pede consenso entre políticos para País sair da crise. **eInvestidor**, 30 mar. 2021. Disponível em: https://einvestidor.estadao.com.br/mercado/janguie-diniz-ser-educacional-pitang. Acesso em: 5 fev. 2025.

para a Pitang foi a aposta na formação de uma equipe altamente qualificada e comprometida, o que permitiu à empresa oferecer serviços personalizados e de alta qualidade.

Por ter sido criada a partir do CESAR, a Pitang incorporou uma cultura voltada à inovação contínua e à colaboração, características que a ajudaram a crescer rapidamente e conquistar clientes nacionais e internacionais. Além disso, manteve laços estreitos com o ecossistema de tecnologia de Recife, uma das principais referências em tecnologia e inovação no Brasil, conhecido como Porto Digital.

A partir de 2010, a Pitang começou a expandir as operações, atraindo clientes nacionais e internacionais. Foi nesse período que a empresa consolidou o compromisso com a inovação, investindo em tecnologias emergentes e fortalecendo a presença em setores estratégicos, como financeiro, de saúde e de educação. Nas palavras de Claudio Castro: "Desde o início, acreditamos que a inovação não é um luxo, mas uma necessidade para quem quer liderar".

A Pitang atingiu um marco significativo em 2020 ao ser reconhecida como uma das melhores empresas para se trabalhar pelo Great Place to Work Brasil (GPTW Brasil), refletindo a ética de trabalho da empresa e o compromisso com a criação de um ambiente organizacional inspirador. Também nesse ano, a empresa ampliou o portfólio com a aquisição de outras empresas do setor, como a BBChain e a DreamExperience, fortalecendo a posição no mercado.

Minha entrada na Pitang, por meio da Epitychia Investimentos, em 2021, criou um novo capítulo nessa história. A empresa já vinha crescendo a uma média de 20% ao ano, reflexo do aumento da demanda por transformação digital. E minha chegada agregou uma visibilidade única, elevando o status da empresa no mercado brasileiro. Claudio comentou certa vez: "Com a chegada de Janguiê, não ganhamos apenas um investidor, mas um parceiro estratégico que compartilha nossa visão de futuro".

Minha trajetória e reputação no mundo dos negócios imediatamente fortaleceram a marca Pitang. Esse impacto foi evidenciado pela aceitação que conquistamos no setor de TI e no mercado em geral. A partir desse ponto, a Pitang ampliou a posição como um dos principais players do setor, alcançando crescimento exponencial. Nas palavras de Claudio Castro: "A expansão que experimentamos desde a entrada de Janguiê não se deu apenas em números, mas também na forma como o mercado nos percebe e na confiança que inspiramos em nossos clientes".

Em 2023, ultrapassamos a marca expressiva de 100 milhões de reais em faturamento, um feito ainda mais notável considerando que as receitas de empresas como a BBChain e a DreamExperience, também integrantes do grupo, não foram incluídas nesse cálculo.

Sob minha influência e em colaboração com uma equipe de liderança visionária, traçamos metas ambiciosas, como a realização de uma IPO na B3. Paralelamente, mantivemos nosso compromisso com a excelência organizacional, o que nos garantiu o primeiro lugar no ranking GPTW Brasil em 2022 e 2023 e um honroso segundo lugar em 2024.

A Pitang também ampliou o portfólio de investimentos em tecnologia inovadora. A BBChain, por exemplo, emergiu como pioneira no uso de tecnologia blockchain corporativa, atendendo a 80% dos projetos dessa natureza no Brasil. Já a DreamExperience se consolidou como uma referência em soluções personalizadas, utilizando a gestão de relacionamento com o cliente CRM (Customer Relationship Management – CRM) na Salesforce.[42]

O ano de 2023 foi marcado por uma estratégia visionária: a criação da PitangPart, uma controladora que centraliza as operações do grupo, reforça a governança corporativa e nos prepara para desafios ainda maiores, como a IPO e a expansão no mercado internacional.

Minha visão sempre foi a de que, mais do que recursos financeiros, um empreendedor deve oferecer às empresas que lidera ou investe uma perspectiva estratégica e um legado de inovação. A parceria com a Pitang reflete essa filosofia. Juntos, temos não apenas construído uma empresa, mas também moldado um ecossistema de inovação e excelência que inspira e transforma o setor de tecnologia no Brasil e além.

42 Líder global em tecnologia de CRM, pioneira no CRM em nuvem desde 1999. Atualmente, integra inteligência artificial (Agentforce) e dados unificados.

Funcionários da Pitang, reconhecida como uma das melhores empresas para se trabalhar pelo Great Place to Work. Fonte: arquivo pessoal.

Da esquerda para a direita: Gustavo Bastos, Antônio Valença, Janguiê Diniz, Claudio Castro e Roberto Borges. Fonte: arquivo pessoal.

Criação da Cypher Financial após minha experiência desastrosa em criptomoedas

Para falar sobre a Cypher Financial, é essencial lembrar minha trajetória com Dov Gilvanci Levi, que começou em novembro de 2007, quando ele assumiu um papel central na operação contábil do Grupo Ser Educacional. Desde então, tornou-se peça fundamental nos processos que transformaram a empresa em um conglomerado educacional e a prepararam para atrair investidores. Com o tempo, as responsabilidades dele se ampliaram, abrangendo a gestão contábil e tributária, especialmente diante da entrada de novos fundos e da reestruturação necessária para a IPO.

A partir de 2011, Dov assumiu também a gestão contábil da Ocktus, minha holding imobiliária, além de contribuir para a gestão contábil de outras empresas investidas. Essa vivência aprofundou a compreensão dele do funcionamento financeiro e tributário de minhas operações. Ao lado de Márcio Santos, meu fiel escudeiro, ele manteve uma visão estratégica detalhada das posições financeiras de todas as empresas do portfólio, garantindo um controle preciso e eficiente.

Após colaborar com Dov na contabilidade e tributação de diversas empresas minhas, decidimos formalizar uma sociedade a partir de um episódio particularmente difícil que vivenciei no mercado de criptomoedas. Então, fundamos a Cypher Financial, uma empresa especializada no desenvolvimento de algoritmos de inteligência artificial para o mercado de criptoativos. O Brasil, ainda carente de fundos de investimento em criptomoedas com gestão ativa, encontrou na Cypher uma solução para esse vazio.

Muitos empreendedores, após venderem empresas, enfrentam desafios na administração dos novos patrimônios e buscam orientação. Nesse cenário, a Cypher tem o potencial de se consolidar como uma gestora de referência, oferecendo, além de tecnologia de ponta para a gestão ativa de portfólios de criptomoedas, soluções para a administração de uma gama mais ampla de investimentos, como ações, fundos imobiliários, renda fixa e outros ativos. A perspectiva é de que, com a licença regulatória da Comissão de Valores Mobiliários (CVM), a empresa possa ampliar o escopo e contribuir para a evolução do mercado financeiro brasileiro.

Como gestor de investimentos com atuação global por meio da Zahav Investments – presente nos Estados Unidos, na Europa e na Ásia –, Dov ingressou como sócio com o propósito de impulsionar a inovação no setor financeiro por meio de tecnologia avançada. A Cypher iniciou as operações em outubro de 2023 e, desde então, vem desenvolvendo algoritmos de inteligência artificial generativa, despertando o interesse de bancos e fundos de investimento.

O preço da ganância

Ao longo da última década, Dov e eu compartilhamos uma trajetória de altos e baixos no mercado de criptomoedas. Ele, no entanto, teve mais sorte. A experiência dele começou em agosto de 2013, quando o Bitcoin ainda valia cerca de 112 dólares. Desde então, o mercado evoluiu drasticamente, e hoje ele gerencia um portfólio global de 3,4 bilhões de dólares em criptoativos.

Já minha trajetória em criptomoedas foi um verdadeiro desastre. Ciente do enorme potencial desse mercado, sempre soube que não poderia ficar completamente de fora e que deveria ter ao menos um investimento modesto no setor. Sem saber que Dov era gestor de criptoativos, decidi analisar o mercado por conta própria, evitando os inúmeros golpistas que circulavam na área – muitos dos quais, inclusive, acabaram presos.

Foi então que um amigo querido me apresentou a um suposto gestor de criptomoedas, descrevendo-o como um nome forte, influente e confiável. Ledo engano. Ele não passava de mais um trambiqueiro, operando o que, no fim, se revelou uma pirâmide financeira. Seduzido pela promessa de retornos irreais, investi cerca de 20 milhões de reais – e perdi tudo.

Sempre fui uma pessoa extremamente racional. Em quase todos os negócios que fiz e continuo fazendo, ajo com cautela, lógica e segurança, sempre exigindo garantias antes de fechar qualquer operação. No entanto, nesse episódio, em um momento de insensatez e ingenuidade – beirando a burrice –, acabei sucumbindo à ilusão de ganhos irreais de 8% ao mês. Caí no conto do vigário. Sofri muito, não apenas pelos 20 milhões de reais, que, felizmente, não tiveram um impacto substancial em meu patrimônio, mas pela vergonha de ter sido enganado por golpistas, apesar de toda a experiência que acumulei ao longo da vida.

Mas não fui o único. De acordo com uma pesquisa realizada pelo Centro de Estudos Comportamentais e Pesquisas (Cecop) da Comissão de Valores Mobiliários (CVM), os homens são as principais vítimas de golpes financeiros, representando 91% dos casos analisados. A pesquisa revelou que as criptomoedas são o produto de investimento mais citado pelas vítimas, sendo mencionadas por 43,3% dos consultados.[43]

Complementando essas informações, um estudo da Bitget aponta que as perdas no mercado de criptomoedas devido a operações fraudulentas somaram 79,1 bilhões de dólares desde o início de 2022.[44] Além disso, um levantamento realizado pelo site InfoMoney revelou que, nos últimos cinco anos, pelo menos 23 empresas acusadas de envolvimento em pirâmides financeiras relacionadas a criptoativos causaram um prejuízo de cerca de 40 bilhões de reais no Brasil, afetando aproximadamente 4 milhões de pessoas.[45]

---

43 GANDRA, A. Homens são as principais vítimas de golpes financeiros, diz pesquisa. **Agência Brasil**, 27 jul. 2021. Disponível em: https://agenciabrasil.ebc.com.br/economia/noticia/2021-07/homens-sao-principais-vitimas-de-golpes-financeiros-diz-pesquisa. Acesso em: 4 abr. 2025.

44 BOLZANI, I. Fraudes já geraram mais de R$ 400 bilhões em perdas no mercado de criptomoedas desde 2022, diz estudo. **G1 Economia**, 27 jun. 2024. Disponível em: https://g1.globo.com/economia/noticia/2024/06/27/estudo-fraudes-criptomoedas.ghtml. Acesso em: 4 abr. 2025.

45 MARINS, L. G. Golpes com criptomoedas causam perda de R$ 40 bi a 4 milhões de brasileiros em 5 anos; quem ainda cai? **InfoMoney**, 24 mar. 2023. Disponível em: https://www.infomoney.com.br/onde-investir/golpes-com-criptomoedas-causam-perda-de-r-40-bi-a-4-milhoes-de-brasileiros-em-5-anos-quem-ainda-cai. Acesso em: 4 abr. 2025.

Dessa experiência nefasta, extraí muitas lições. Espero que elas sirvam para todos aqueles que vivem em busca de construir riqueza financeira:

1. **Seja ambicioso, jamais ganancioso**. A ambição, que se traduz no inconformismo com as circunstâncias e com o statu quo, deve ser cultivada. A mentalidade de sempre buscar mais e melhorar nossa situação é essencial. O poeta Carlos Drummond de Andrade dizia que: "Necessitamos sempre de ambicionar alguma coisa que, alcançada, não nos torna sem ambição".[46] Quando se trata de ganância, porém, podemos ultrapassar princípios e valores éticos em busca de ganhos rápidos; portanto, ela é perigosa e deve ser combatida. Em minha experiência, não fui apenas ambicioso, mas também movido por uma ganância desenfreada. Ignorando a lógica e os princípios de economia, busquei ganhos irreais e acabei sendo vítima dessa armadilha.
2. **Atenção às indicações de supostos amigos**. Embora indicações de pessoas honestas sejam positivas, é essencial analisar os interesses envolvidos. Em meu caso, o "amigo querido" que me indicou o investimento estava, na verdade, recebendo comissões sobre o que eu aplicava. Se tivesse percebido essa dinâmica, talvez eu tivesse conseguido evitar o golpe.

---

[46] ANDRADE, C. D. de. **O avesso das coisas**: aforismos. Rio de Janeiro: Record, 1990.

3. **Ganhos irreais de 8% ao mês**. No mundo financeiro, a razoabilidade é um princípio fundamental. Se o mercado geralmente oferece retornos de 1% a 2% ao mês, é irracional acreditar em ganhos de 8%. Mesmo que isso ocorra por algum tempo, a sustentabilidade é questionável. Eu errei ao desconsiderar esse princípio e ao me deixar seduzir por promessas que não se baseavam em fundamentos sólidos. Como afirmou Peter Lynch: "A chave para investir não é encontrar uma agulha no palheiro, mas encontrar palheiros que valem a pena".[47]
4. **Nunca invista movido pela emoção, sempre pela razão**. Um dos pilares dos investimentos é a razão, e não a emoção. Investir impulsivamente, com base em promessas sem garantias ou fundamentos concretos, é um erro. Eu falhei ao agir impulsivamente, com a expectativa de ganhos impossíveis, sem considerar a falta de base econômica e financeira. Lynch também alerta: "Ter ações é como ter crianças, não se envolva com mais do que você consegue lidar".[48]
5. **Exija garantia**. Quando solicitamos um empréstimo a um banco, a primeira coisa que nos é questionada é: "Você tem garantias de pagamento?". Bancos exigem garantias reais,

---

[47] LYNCH, P. **One Up on Wall Street**: How to Use What You Already Know to Make Money in the Market. New York: Simon & Schuster, 2000.

[48] *Ibidem*.

como penhor de imóveis, ou garantias fidejussórias, como aval ou fiança. O mesmo deve ser feito quando confiamos nosso dinheiro a qualquer outra pessoa. Recomendo sempre exigir uma garantia real, como uma hipoteca de imóvel, com valor superior ao montante que será confiado. Errei ao não exigir a garantia do picareta.

O propósito da Cypher Financial Services

Empresa inovadora no setor de tecnologia financeira, a Cypher Financial Services é especializada na oferta de serviços por meio de interface de programação de aplicações (APIs)[49] integradas diretamente nas contas dos clientes em *exchanges*, como a Binance. Nosso principal objetivo é ajudar investidores a aplicarem recursos em criptomoedas, utilizando algoritmos de inteligência artificial. Oferecemos uma solução personalizada que atende tanto a pequenos investidores quanto a grandes fundos e *family offices*.

Nos últimos doze meses, a estratégia de *backtesting*[50] da Cypher demonstrou um desempenho muito superior ao do

---

49 APIs são componentes de software que permitem a comunicação entre aplicativos, sites e serviços digitais.

50 *Backtesting* é um método utilizado para avaliar a viabilidade de uma estratégia de negociação ou modelo financeiro.

Bitcoin, evidenciando a eficácia e o potencial de nossa tecnologia. Como resultado, estamos em negociações com diversos bancos e fundos interessados em utilizar nossa plataforma para otimizar investimentos, garantindo ganhos mais seguros. Nossa abordagem prioriza a transparência e a segurança, eliminando a necessidade de transferir fundos para nossas contas, o que minimiza riscos regulatórios e reforça a confiança dos investidores.

A gestão ativa do algoritmo da Cypher foi projetada para identificar tendências de mercado e ajustar automaticamente as posições, maximizando os retornos. Esse modelo se distingue dos fundos passivos, comuns no mercado brasileiro, que apenas seguem índices de criptomoedas sem implementar estratégias de proteção contra a volatilidade. Nossa tecnologia se adapta rapidamente às flutuações do mercado, oferecendo uma camada adicional de segurança e proteção contra quedas bruscas – um dos maiores desafios no setor de criptomoedas.

Planejamos expandir nossa presença no mercado. Desde 2024, iniciamos a divulgação de nosso produto. Com a Epitychia como investidora, nossa empresa está bem-posicionada para crescer e se tornar uma referência no setor de tecnologia financeira e criptomoedas.

O investimento inicial foi relativamente modesto, mas nossa equipe altamente qualificada e a tecnologia de ponta garantem um desempenho superior ao observado no ecossistema de criptomoedas, especialmente quando comparado às dez maiores criptomoedas por valor de mercado.[51] A Cypher já superou a fase mais custosa de desenvolvimento e agora foca a manutenção e o aprimoramento contínuo do algoritmo. Essa estrutura permite operar de maneira eficiente e gerar caixa rapidamente.

Acreditamos que a Cypher tem um enorme potencial, pois nossa tecnologia e nosso modelo de negócios são escaláveis e podem gerar receitas significativas com uma equipe enxuta. O próximo passo é ampliar nossa base de clientes e demonstrar o valor de nossa tecnologia no mercado financeiro globalmente.

Por que investir em criptomoedas? Compartilho as razões pelas quais acredito que todos os investidores, desde o bilionário até o pequeno investidor que aplica 200 reais por mês, devem considerar esses ativos nos próprios portfólios.

1. **Diversificação e correlação baixa com ativos tradicionais**. Criptomoedas, especialmente o Bitcoin, têm mostrado baixa correlação com ativos tradicionais, como ações e títulos. Essa característica faz que as incluir no portfólio melhore a relação risco-retorno, reduzindo a volatilidade geral. Além disso, as criptomoedas funcionam como *hedge*[52] contra crises

---

[51] De acordo com as últimas pesquisas de mercado, as dez maiores criptomoedas por valor de mercado incluem: Bitcoin (BTC), Ethereum (ETH), Tether (USDT), Binance Coin (BNB), USD Coin (USDC), XRP (XRP), Cardano (ADA), Dogecoin (DOGE), Solana (SOL) e Polkadot (DOT).

[52] Estratégia financeira utilizada para proteger investimentos contra grandes crises que afetam todo o sistema econômico, como recessões e colapsos financeiros.

sistêmicas. Enquanto mercados tradicionais dependem de políticas econômicas e bancos centrais, o Bitcoin, por exemplo, é um ativo descentralizado e resistente à censura.

2. **Proteção contra inflação**. O Bitcoin é frequentemente chamado de "ouro digital" (*digital gold*) porque oferece características de proteção contra a inflação. A oferta é limitada a 21 milhões de unidades, o que o torna um ativo deflacionário. Com governos imprimindo dinheiro em níveis históricos (política monetária expansionista), ativos escassos como Bitcoin se tornam alternativas de segurança financeira.
3. **Adoção institucional e regulatória**. Nos últimos anos, houve uma crescente adoção institucional de criptomoedas:
   - BlackRock, Fidelity e JP Morgan estão criando fundo de índice (exchange-traded fund – ETFs)[53] e produtos financeiros baseados em criptoativos.
   - Governos, como os dos Estados Unidos, da União Europeia e da América Latina, estão regulando o mercado em vez de bani-lo, legitimando os criptoativos.
   - Grandes empresas, como PayPal, Visa e Mastercard, estão integrando criptoativos nos próprios sistemas de pagamento.

   Essa legitimidade trazida por instituições e governos tende a diminuir a volatilidade e aumentar a demanda por criptomoedas ao longo do tempo.

53 Um fundo de índice é um fundo de investimento negociado na bolsa de valores como se fosse uma ação.

4. **Tecnologia disruptiva: blockchain e contratos inteligentes**. A tecnologia blockchain está transformando setores inteiros, como:
   - financeiro (DeFi) – serviços financeiros descentralizados eliminam intermediários como bancos e corretoras;
   - logística e cadeia de suprimentos – blockchain melhora a transparência e a rastreabilidade;
   - identidade digital e tokens não fungíveis (non-fungible token – NFTs) – ativos digitais exclusivos têm aplicações em jogos, arte e contratos digitais.

   Investir em criptomoedas significa apostar em uma revolução tecnológica, assim como foi investir na internet nos anos 1990.
5. **Crescimento da adoção global**. A adoção de criptomoedas ainda está em estágio inicial. Segundo a empresa Chainalysis, a adoção global de criptomoedas cresce, em média, 80% ao ano desde 2017. Com aproximadamente 5% da população mundial usando criptomoedas, há um enorme potencial de expansão.[54]
6. **Fundamentais para alta consistente de longo prazo**. Os principais fundamentos que sustentam uma alta consistente das criptomoedas incluem:

---

[54] 89% pretendem aumentar os investimentos em criptomoedas em 2024, aponta pesquisa da Binance com usuários no Brasil. **Binance**, 20 dez. 2023. Disponível em: https://www.binance.com/pt-BR/blog/markets/89-pretendem-aumentar-os-investimentos-em-criptomoedas-em-2024-aponta-pesquisa-da-binance-com-usu%C3%A1rios-no-brasil-5366273547249408643. Acesso em: 4 abr. 2025.

Fundamento	Descrição
Regulação favorável nos EUA	Aprovação de ETFs e regras claras de custódia.
Reservas estratégicas de Bitcoin por governos	Governos podem adotar Bitcoin como reserva de valor.
ETFs de Bitcoin	Facilitará o acesso de investidores ao mercado.
Reservas corporativas de Bitcoin	Grandes empresas podem comprar Bitcoin.
Alta liquidez	Maior liquidez atrai grandes investidores
Infraestrutura segura de custódia	Empresas como BlackRock e Fidelity já estão prontas.
Macroeconomia favorável	Inflação e juros altos impulsionam o interesse.
Demanda por ativos descentralizados	Busca por alternativas ao sistema bancário.
Volatilidade do Bitcoin	Riscos de quedas bruscas de preço.

Ter criptomoedas no portfólio, mesmo em pequena porcentagem (entre 2% e 5%), pode melhorar o desempenho geral, oferecendo exposição a um ativo escasso, descentralizado e potencialmente disruptivo, que está moldando o futuro da economia digital.

Com o apoio da Epitychia, estamos prontos para levar a Cypher a novos patamares e solidificar nossa posição como líderes em tecnologia financeira. O futuro é promissor, e estamos preparados para aproveitar cada oportunidade para crescer e inovar ainda mais. Juntos, vamos transformar o mercado financeiro e construir um legado sólido de sucesso e inovação em investimentos em criptomoedas e outros ativos, ajudando investidores a não serem ludibriados por picaretas, como eu fui.

Da esquerda para a direita: Walker Vilarim Cavalcanti Júnior, Walker Vilarim Cavalcanti, Janguiê Diniz, Dov Gilvanci e Thales Janguiê. Fonte: divulgação.

Investimento na Stanley's Holding: laços que constroem destinos

É curioso como os caminhos de nossas vidas podem se cruzar de maneira inesperada com os das pessoas certas, tecendo laços que transformam destinos. Foi assim que conheci Stanley Bittar, em meados de 2016. Lembro-me claramente daquele encontro em Rio Branco, no Acre, quando um amigo em comum, um estimado professor, nos apresentou. Eu estava buscando estruturas para expandir o Grupo Ser Educacional e abrir um campus em Rio Branco, e Stanley, à frente de uma clínica de sucesso, recebeu-me com uma hospitalidade genuína e uma curiosidade contagiante.

Stanley tinha a generosidade no olhar e o empreendedorismo na alma. Ao longo daquele dia, entre visitas e conversas em um shopping local, compartilhamos nossas trajetórias, nossos desafios e nossas ambições. A afinidade era evidente. Não hesitei em provocá-lo com perguntas que, embora fossem simples, eram bastante instigantes: "Por que você ainda não se mudou para São Paulo, já que está lá toda semana?". Minha curiosidade não se limitava apenas aos passos dele, mas também ao que poderia ser feito para alcançar o que eu chamava de "centenas de milhões".

Tornamo-nos amigos imediatamente. A conexão entre nós ia além do profissional; estava firmada em princípios comuns, como a importância da educação, da saúde, da estética, do empreendedorismo e do potencial de mudança que essas áreas carregam. Assim como eu, Stanley sempre acreditou que a educação e o empreendedorismo são os caminhos mais poderosos para transformar realidades.

Com o passar do tempo, nossas conversas se tornaram mais frequentes, aprofundando nossa amizade e nossas visões sobre gestão, marketing, vendas e escalabilidade empresarial. Nossos encontros e projetos nos ensinaram lições valiosas, influenciando tanto nossos empreendimentos quanto a maneira como vemos o papel do empreendedor na sociedade.

Stanley costuma dizer que, com minha influência, ele aprendeu o valor da programação mental, da resiliência diante de desafios e adversidades, além da importância de pensar grande, com ousadia, coragem e determinação. Posso afirmar que essa troca foi possível devido à sinergia que geramos.

Amizade, empreendedorismo e impacto

Nos anos de 2020 e 2021, enquanto o mundo enfrentava os desafios da pandemia, Stanley e eu planejávamos novas iniciativas. Ele compartilhava comigo a trajetória na expansão de clínicas, e eu trazia as experiências adquiridas com o crescimento do Grupo Ser Educacional. Éramos, em essência, sonhadores pragmáticos: acreditávamos na capacidade de transformar sonhos em realidade por meio de planejamento e execução disciplinados. Stanley frequentemente dizia: "Sonhar é apenas o começo; o diferencial está na capacidade de agir".

Foi nesse período que discutimos, pela primeira vez, a possibilidade de minha entrada na Stanley's Holding. Embora a empresa já apresentasse um ritmo de crescimento sustentável, percebemos que minha participação poderia acelerar significativamente os planos de expansão.

Nosso compromisso se fortaleceu durante viagens a lugares como Dubai e Israel, que ajudaram a refinar nossas ideias e a solidificar nossa parceria. Esses momentos foram marcos em nossa jornada, permitindo-nos sonhar alto e construir bases concretas para nossos planos futuros.

Em 2023, transformamos em realidade o que havíamos idealizado: a Epitychia Investimentos adquiriu uma parcela da Stanley's Holding, marcando o início de uma nova fase para a empresa. Minha entrada como presidente do Conselho de Administração me permitiu contribuir mais diretamente com governança, compliance e crescimento do grupo, enquanto Stanley permaneceu à frente como CEO e controlador.

Juntos, elaboramos um plano audacioso que transformou nossa rede de clínicas, passando de uma dúzia para quase cem em apenas três anos – um tempo recorde. Exploramos modelos de negócios inovadores, unindo odontologia, harmonização facial, emagrecimento, farmácias de manipulação e outros serviços, criando uma integração única e revolucionária no mercado.

Parceria que escala horizontes

Nosso crescimento não se limitou às fronteiras do Brasil. Até o momento, a Stanley's Holding atua em seis países, com planos concretos de expansão para inúmeros outros. Estamos falando de mais de mil unidades espalhadas pelo mundo, integrando tecnologias inovadoras e modelos de ecossistemas exponenciais.

Stanley sempre me motivou com uma força descomunal de trabalho, a visão arrojada e a capacidade que tem de executar projetos eficazmente.

As discussões sobre crescimento escalaram também para a construção de um futuro ainda mais ousado. Sonhamos com a IPO não apenas no Brasil, mas em bolsas de valores globais, projetando um *valuation* que ultrapasse a marca dos bilhões de dólares. A essa altura, nossa parceria não é apenas um negócio; é uma celebração de valores compartilhados e de um compromisso em transformar vidas por meio de nossos empreendimentos.

Stanley e eu acreditamos que amizades devem, sim, fazer parte dos negócios. Como ele bem diz: "Quanto mais se fortalece a amizade, mais os negócios prosperam". E essa filosofia guiou nossa caminhada, mostrando que é possível combinar amizade com profissionalismo para criar algo verdadeiramente impactante.

Em nossas reuniões, frequentemente refletimos sobre a importância de modelar relações saudáveis no ambiente empresarial. É essencial cercar-se de pessoas que compartilhem sua visão e que sejam capazes de agregar valor a sua jornada.

Essa ideia ganha ainda mais sentido quando olhamos para estudos como o de Pamela J. Hinds e Mark Mortensen, publicado na revista *Organization Science*. Intitulado "Trust, Friendship, and Collaboration in Distributed Teams" ("Confiança, amizade e colaboração em equipes distribuídas", em tradução livre), o trabalho mostra que a confiança é um elemento crítico para o sucesso. Em ambientes nos quais os membros confiam uns nos outros, a comunicação flui de modo mais aberto e eficaz, os projetos avançam com menos obstáculos, os conflitos são menos frequentes e, quando ocorrem, são resolvidos de maneira mais rápida e eficiente. A confiança permite que os membros abordem os problemas de forma colaborativa, sem medo de julgamentos ou retaliações.[55]

"Dividir sua caminhada com pessoas tão boas quanto você – ou melhores – é o segredo para um crescimento sustentável", Stanley sabiamente costuma afirmar. Esse conselho não apenas moldou nossos negócios, mas também inspirou outros empreendedores a adotar uma abordagem mais colaborativa e humana.

Este capítulo de minha história é um tributo às conexões que transformam. Stanley é muito mais que um parceiro de negócios; é um amigo que compartilha minha paixão por educação, empreendedorismo e impacto social. Juntos, continuamos a construir um legado que reflete nossos sonhos, assim como inspira outros a sonhar e agir. Pois, no fim das contas, o que realmente importa são os laços que nos conectam e os destinos que juntos transformamos.

---

55 HINDS, P. J.; MORTENSEN, M. Understanding Conflict in Geographically Distributed Teams: The Moderating Effects of Shared Identity, Shared Context, and Spontaneous Communication. **Organization Science**, v. 16, n. 3. 1º jun. 2005. Disponível em: https://pubsonline.informs.org/doi/10.1287/orsc.1050.0122. Acesso em: 5 fev. 2025.

Janguiê Diniz e Stanley Bittar. Fonte: divulgação.

Repercussão da parceria de Janguiê e Stanley na mídia. Fonte: reprodução.

CAPÍTULO 5
Eventos familiares

> **Quando as raízes são profundas não há razão para temer o vento.**
>
> *Provérbio chinês*

A vida é feita de momentos, grandes e pequenos, que formam quem somos e como enxergamos o mundo. Em meio à rotina intensa dos negócios e à construção de grandes projetos, há um espaço sagrado que sempre preservei com muito zelo: minha família. Ao longo dos anos, essa prioridade se manifestou de diferentes maneiras, especialmente em ocasiões que nos permitiram celebrar, refletir e fortalecer nossos laços.

Os aniversários de 15 anos de minhas filhas, Elora e Mel, foram momentos que simbolizaram muito mais do que a tradição de celebrar essa idade tão marcante na vida de uma jovem. Cada festa foi uma oportunidade de refletir sobre o crescimento delas, sobre o papel que Sandra Janguiê e eu desempenhamos na formação delas e sobre os valores que queríamos que levassem para o futuro. Essas celebrações foram cheias de significado, envolvendo a família, amigos e pessoas queridas que acompanharam nossa trajetória. São lembranças de alegria, de orgulho e de um ciclo que se encerrava enquanto outro começava, preparando-as para os desafios que viriam adiante.

Nesse contexto de amadurecimento e de novas etapas, a mudança de país de nossas filhas se concretizou. Não foi uma decisão simples. Na verdade, foi um dos momentos mais desafiadores que enfrentamos como família. A mudança trouxe questões sobre adaptação, a necessidade de novos horizontes e, ao mesmo tempo, o desafio de deixarmos para trás uma parte do que tínhamos construído juntos. No entanto, essas transições nos fortaleceram, nos fizeram crescer e compreender que o verdadeiro lar está em nós, nos laços que carregamos internamente, e não apenas no lugar em que estamos.

Elora Janguiê: a conscientização de quem sou e o impacto disso na vida dela

O aniversário de 15 anos de Elora nos fez entender, como pais, o quanto ela estava começando a enxergar o que tínhamos construído como família. Antes, ela nunca havia sonhado com uma grande festa de 15 anos. Mas, à medida que a data se aproximava, decidimos que era importante celebrarmos juntos. Planejamos cada detalhe com muito carinho e dedicação.

Ela sempre teve consciência de nossa estabilidade financeira, mas, ao acompanhar os preparativos da festa percebeu, de fato, a dimensão das conquistas que Sandra e eu havíamos alcançado. Lembro-me de que, naquela noite, presenteei-a com um anel – símbolo dessa transição tão especial. Dançamos a valsa ao som de *Home*, de Michael Bublé, e vi nos olhos dela o significado profundo daquele momento. Quando me viu emocionado, entendeu que, para mim, aquela noite era tão marcante quanto para ela. Sempre que ouvimos essa música, somos transportados de volta à magia daquele dia.

Elora Janguiê, de menina tímida a empresária em Paris. Fonte: arquivo pessoal.

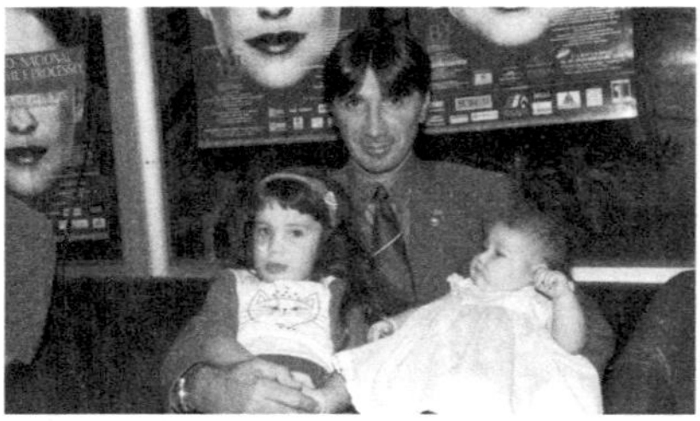

No colo do pai, Elora com três anos e Mel com quatro meses. Fonte: arquivo pessoal.

Sandra e Janguiê comemorando o aniversário de dois anos de Elora. Fonte: arquivo pessoal.

Janguiê com as filhas em diferentes fases: pai presente. Fonte: arquivo pessoal.

Mel Janguiê: festa que refletiu energia e independência

Mel sempre foi mais extrovertida do que Elora. Desde pequena, amava festas. Para os 15 anos, demos a ela total liberdade na organização da celebração, que ficou a cargo da mesma equipe que realizou a festa da irmã. O resultado foi igualmente grandioso.

Um fato que merece ser lembrado neste livro: um dia antes da festa, lá pelas 19 horas, eu estava deitado, me concentrando para o dia seguinte, quando nossa secretária foi a meu quarto avisar que o namorado de Mel, chamado Gabriel, estava na sala me esperando para conversar. Até aquele momento, eu nunca soubera que Mel tinha um namorado, e menos ainda que eles namoravam na escola desde que ela tinha 13 anos.

Depois de deixá-lo esperando de propósito por uma hora, fui conversar com o rapaz. Ao entrar na sala, deparei-me com um menino franzino de apenas 14 anos, sentado no sofá, tremendo, com um buquê de rosas na mão direita e uma joia na esquerda para presentear a Mel. Apresentou-se como Gabriel e disse que estava ali para pedir a mão dela em namoro. Fiquei surpreso! Não sabia se sorria ou mantinha a seriedade, pois não imaginava que essa tradição ainda existisse. Ao mesmo tempo, admirei a coragem, a determinação e a educação dele, reflexos de uma família estruturada.

Conversei longamente com ele: perguntei sobre os pais, os planos de vida e as intenções com Mel. Fiquei impressionado com a disciplina e a firmeza que demonstrou. Lembro-me bem

Com a família, nas festas de aniversário de Elora e Mel. Fonte: arquivo pessoal.

da última frase que eu lhe disse antes de autorizar o namoro: "Seja homem!".

Na festa que se realizou no dia seguinte, lembro-me com clareza do momento em que Mel, de vestido cor-de-rosa, descia a escadaria e eu a aguardava ao final, pronto para conduzi-la à pista de dança. O salão estava lotado, e ela se sentiu nervosa com a quantidade de convidados, cerca de mil. Mas, ao me ver esperando por ela, tudo pareceu sumir. Nos abraçamos e dançamos novamente ao som de *Home*, a música que também marcou o aniversário de Elora. Foi um momento inesquecível, não apenas pela festa em si, mas pela conexão que existiu entre nós.

A mudança das meninas para outro país: uma transição cheia de desafios e oportunidades profissionais

Esses momentos de celebração antecederam uma mudança significativa em nossas vidas: a transição de Elora e Me para o exterior. Como disse, não foi uma decisão fácil, mas sempre fizemos questão de incentivar nossos filhos a buscarem independência e novos horizontes.

Primeiro foi Elora, que, após uma experiência difícil em São Paulo, decidiu se mudar para São Francisco, nos Estados Unidos. Foi uma fase delicada, pois ela enfrentava questões relacionadas à saúde, e nós a apoiamos intensamente nesse processo. Depois de alguns anos lá, formou-se na Universidade de São Francisco

(USF). Em seguida, mudou-se para Paris, na França, para cursar um mestrado. Concluiu os estudos e permaneceu na cidade, onde construiu uma nova vida e se tornou empreendedora.

Elora fundou um e-commerce de moda, representando marcas latino-americanas na Europa e expandindo os negócios para os Emirados Árabes e a América do Norte. No início, não sabíamos se essa mudança seria o melhor caminho, mas hoje ela está consolidada na França, demonstrando um forte sentimento nacionalista francês, sem deixar de lado o espírito empreendedor que cultivamos nela desde a infância.

Mel, por outro lado, sempre teve claro que queria estudar fora. Desde muito jovem, frequentou escolas internacionais, como a Escola Americana, em Recife, e a Chapel, em São Paulo. Quando chegou a hora, estava mais preparada para a mudança. Ela se mudou para a Filadélfia, nos Estados Unidos, e começou a cursar Comunicação Visual e Administração de Negócios de Moda na Universidade Thomas Jefferson, tendo posteriormente se mudado para Nova York.

A escolha de Mel sempre esteve alinhada com o desejo de explorar a criatividade e as habilidades de comunicação, e ela tem se destacado nesse ambiente tão competitivo. Desde pequena, Mel soube que queria construir algo próprio, e a formação fora do país está sendo fundamental para alcançar esses objetivos. Assim como Elora, ela planeja voltar ao Brasil em algum momento, trazendo toda a bagagem de conhecimento e experiência adquirida no exterior para aplicar nos próprios projetos empreendedores.

Cada uma, à própria maneira, encontrou um caminho longe de casa, mas sempre com nosso suporte. E, mesmo à distância, continuamos presentes na vida delas, apoiando-as em cada desafio que enfrentam. Ver nossas filhas crescendo, superando dificuldades e construindo trajetórias profissionais no exterior é algo que nos enche de orgulho.

Momentos de descontração com as filhas nos Estados Unidos. Fonte: arquivo pessoal.

Mudança de meu primogênito Thales Janguiê para São Paulo

A ideia de Thales de se mudar para São Paulo começou a tomar forma durante a IPO do Ser Educacional, um evento marcante que proporcionou a ele uma experiência única no mundo dos negócios. Eu o levei comigo ao *roadshow* em Nova York, onde tivemos contato com investidores, advogados e banqueiros. Esse momento abriu os olhos dele para novas possibilidades e reforçou, em mim, a importância de ele expandir os horizontes acadêmicos e profissionais. Durante as reuniões, pude perceber o quanto Thales estava absorvendo e aprendendo.

Ele ficava fascinado com as conversas sobre estratégias de mercado, análises financeiras e planejamento de longo prazo. Essa vivência despertou nele uma paixão por esse universo e deu início à ideia de explorar oportunidades em São Paulo.

Quando a decisão finalmente foi tomada, Thales enfrentou a resistência natural de deixar a zona de conforto. Sair de Recife, da proximidade com a família e os amigos, foi um desafio, mas um passo essencial para esse crescimento. Ele não escondia as dificuldades emocionais envolvidas na mudança, mas também reconhecia a necessidade desse movimento para o futuro.

O início em São Paulo não foi fácil para ele. Lembro-me de como minha esposa, Sandra, desempenhou um papel essencial nesse processo, ajudando-o a encontrar um lugar para morar e dando o suporte emocional necessário. Ela sempre esteve próxima para confortá-lo, especialmente nos momentos em que a saudade pesava. Thales passou um mês em um hotel antes de se estabelecer definitivamente. Ele relatava como era estranho estar longe do ambiente familiar. Com o tempo, porém, começou a se adaptar.

A adaptação levou cerca de um ano, mas ele logo percebeu que essa mudança era indispensável para que a carreira alçasse voos mais altos. Durante esse período, Thales desenvolveu uma resiliência admirável. Ele conciliava os estudos na faculdade com o estágio no escritório de advocacia Pinheiro Neto, um dos mais respeitados do país. A dedicação aos estudos e ao trabalho era notável. Ele buscava aprender com cada experiência e aproveitar ao máximo as oportunidades que surgiam. Terminar a faculdade em São Paulo foi um marco importante para ele, um sinal de que estava no caminho certo.

A trajetória de Thales continuou no Credit Suisse, em que atuou na área de Investment Banking, com foco em fusões e aquisições (M&A) e mercado de capitais (ECM), acumulando experiências que iam desde operações de fusões até a estruturação de IPOs. Esse período foi marcado por um grande aprendizado e, paralelamente, ele cursou a especialização em Direito Societário no Insper, uma das mais renomadas instituições de ensino superior do Brasil, focada em áreas como Negócios, Economia, Direito e Engenharia.

Ele frequentemente comentava como essa experiência o ajudava a compreender a dinâmica dos mercados e a complexidade das negociações empresariais. Posteriormente, juntou-se à Iron Capital a convite de um amigo da família, Bruno Guedes.

Durante dois anos na Iron, aprimorou os conhecimentos e começou a planejar um mestrado em Direito Empresarial na Pontifícia Universidade Católica de São Paulo (PUC-SP), para o qual já havia sido aprovado e que concluiu em 2022.

Foi então que o convidei para trabalhar comigo na Epitychia Investimentos. No início, Thales hesitou. Sentia que ainda não estava pronto e temia que nossas personalidades entrassem em choque, afetando a dinâmica do trabalho. Ainda assim, insisti, pois enxergava nele um grande potencial para fortalecer os projetos que estávamos desenvolvendo. A chegada dele à Epitychia, em agosto de 2019, foi uma escolha estratégica. Além da competência técnica, ele compreendia profundamente nosso legado familiar, o que agregava um diferencial à equipe. Juntos, estruturamos a empresa, formando os times de Investimentos e Jurídico e atraindo profissionais de destaque para o time.

Hoje, ao olhar para o que construímos juntos, é gratificante ver como Thales se tornou essencial para o funcionamento da Epitychia. Tivemos investimentos significativos, como na Bossa Nova, na Edulabzz, na Pitang, na Nonstop, na Stanley's e em outros projetos relevantes. Ele traz à mesa uma visão analítica e um compromisso que são reflexos de amadurecimento. A dedicação a nossas iniciativas é algo que admiro profundamente. Muitas vezes, durante nossas reuniões, percebo o quanto ele cresceu e o quanto está comprometido em fazer da Epitychia um exemplo de excelência no mercado de investimentos.

No âmbito pessoal, essa jornada não foi menos intensa. Apaixonado por guitarra desde pequeno, encontrou na música uma aliada para manter o equilíbrio emocional. Tocar o instrumento se tornou um modo de aliviar o estresse, fortalecer a saúde mental e recarregar as energias. Lembro-me de vê-lo muitas vezes em casa, imerso nas melodias, usando a música como um canal de conexão consigo mesmo em meio aos desafios do dia a dia. "A música sempre foi uma paixão para mim. Desde mais novo, ela sempre me ajudou. É um hobby que levo muito a sério. Gosto de tocar *heavy metal*", ele conta.

Sucessão vs. continuidade

Em um reino distante, um grande rei se encontrava diante de uma difícil decisão: escolher qual dos três filhos seria o sucessor do trono. Todos eram brilhantes e valentes, mas nenhum se destacava de maneira clara. Precisava, então, de um critério que fosse além das qualidades visíveis de coragem e inteligência.

Após refletir por dias, o rei procurou o conselho de um sábio renomado, cuja sabedoria se espalhava por todo o reino. O velho sábio, depois de ouvir o dilema do monarca, sugeriu algo simples, porém revelador:

— Dê a cada um de seus filhos um saco de sementes e observe o que farão com elas.

O rei, intrigado, decidiu seguir o conselho. Chamou os filhos e entregou a cada um deles um saco de sementes, explicando que viajaria por um longo tempo.

— Quando eu voltar — disse o rei —, quero que me tragam de volta as sementes. O que vocês fizerem com elas decidirá quem será o meu sucessor.

Com as sementes em mãos, os filhos se despediram do pai e, assim que ele partiu, cada um tomou um caminho distinto. O primeiro filho, ponderando muito sobre a responsabilidade, decidiu guardar as sementes em um cofre bem fechado. Imaginava que as sementes estariam seguras. Quando o pai retornasse, ele as entregaria exatamente como as recebeu, sem correr riscos.

— Se nada for feito, nada pode dar errado — pensou.

O segundo filho, mais atento ao raciocínio do irmão, refletiu que, se as sementes não fossem usadas, morreriam com o tempo. Decidiu, então, vendê-las no mercado e guardar o dinheiro, planejando comprar novas sementes quando o pai voltasse.

— Assim, poderei apresentar algo ainda melhor — acreditava.

O terceiro filho, por sua vez, foi ao jardim que cercava o palácio e, vendo a vasta terra diante de si, decidiu espalhar as sementes por todos os cantos. Ele não queria simplesmente guardá-las ou trocá-las; queria ver o que poderiam se tornar. Sem pressa de obter resultados imediatos, investiu tempo e dedicação. Plantou, regou e cuidou das sementes com amor, esperando que o inesperado florescesse.

Anos se passaram e, quando o rei retornou, reuniu os filhos. O primeiro, cheio de expectativa, correu até o cofre onde havia guardado as sementes, mas, ao abri-lo, encontrou-as secas e mortas. O segundo filho, então, apresentou orgulhosamente um saco com sementes recém-compradas no mercado, esperando que o pai reconhecesse a sabedoria da troca. O rei olhou para ele, elogiou a atitude, mas disse calmamente:

— Você apenas trocou uma coisa por outra, não fez nada de verdade.

> Finalmente, o terceiro filho levou o rei até o jardim, onde flores coloridas e plantas exuberantes haviam brotado das sementes que ele espalhara. O rei, emocionado, compreendeu o gesto do filho: ele não apenas guardou ou trocou as sementes, fez delas algo vivo, algo que floresceu e trouxe beleza ao mundo ao redor.
> Com isso, o rei escolheu o terceiro filho como o sucessor, pois ele soube dar o melhor uso ao que tinha em mãos, gerando frutos duradouros e transformadores.

Thales adota a postura do terceiro filho do rei. Prefere falar em continuidade, e não em sucessão, quando se trata da empresa familiar. Esse termo traduz com precisão a relação que construímos: uma parceria baseada no crescimento mútuo e em valores compartilhados.

Janguiê com o primogênito Thales: conciliando família e negócios. Fonte: arquivo pessoal.

Reflexões sobre o papel de pai e esposo

Em meu livro *Desvelo*, dediquei o seguinte poema a Sandra:

> Gostaria de te dar o mundo, mas o mundo não pertence somente a mim. Então, te dou amor. Gostaria de te dar o céu, mas o que você faria com ele, a não ser admirá-lo? Então, te dou meu coração. Gostaria de te dar tudo, mas tudo é quase nada. Então, eu a ti me dou.[56]

Construir uma carreira sólida e impactante exige esforço, e preservar os vínculos familiares ao longo dessa jornada é, sem dúvida, um dos maiores triunfos. Ao olhar para Sandra e nossas filhas e nosso filho, sinto que, apesar dos altos e baixos, o saldo é imensamente positivo – e há muito pelo que agradecer.

Nossos laços familiares, acima de qualquer conquista material ou profissional, são o verdadeiro alicerce de nossas vidas. Os 15 anos de Elora e Mel, a mudança delas de país, a ida de Thales para São Paulo e a celebração de 25 anos de casamento são marcos que contam a história de uma família que sempre esteve unida, independentemente dos desafios e das transformações.

---

[56] DINIZ, J. **Desvelo**. São Paulo: Novo Século, 2021.

Acompanhados dos filhos, Janguiê e Sandra comemoram bodas de prata: 25 anos de companheirismo e união. Fonte: arquivo pessoal.

CAPÍTULO 6

São Paulo: a decisão que mudou nossas vidas

Nada é permanente, exceto a mudança.

Heráclito

George Bernard Shaw dizia: "O progresso é impossível sem mudança; e aqueles que não conseguem mudar as suas mentes não conseguem mudar nada".[57] Essa frase me fez refletir sobre a decisão difícil, mas necessária, de deixar Recife. Embora eu gostasse de andar de moto na praia, jogar vôlei, passear pelo Recife Antigo e admirar as pontes históricas, sempre acompanhado de amigos, era preciso recomeçar em São Paulo para abraçar novas oportunidades e buscar novos desafios.

---

[57] SHAW, J. B. **Back to Methuselah**: A Metabiological Pentateuch. Alpha Edition, 2021.

Minha trajetória até aquele momento havia sido marcada por desafios que exigiram coragem, e essa mudança era mais um passo para continuar crescendo, tanto pessoal quanto profissionalmente. A capital paulista representava mais do que uma nova morada; era uma plataforma para a expansão de nossos sonhos e do impacto que queríamos causar nos campos educacional e empresarial.

Apesar de ter nascido na Paraíba, Recife é minha raiz, o lugar onde iniciei minha jornada como empreendedor e educador. Mas o tempo e os avanços de nossos projetos mostraram que a cidade, apesar da importância sentimental, já não comportava a dimensão de nossos empreendimentos. O crescimento do Grupo Ser Educacional, as demandas da Epitychia Investimentos e a visão de criar o Instituto Êxito de Empreendedorismo indicavam que São Paulo era o destino natural para dar suporte ao próximo capítulo de nossa história.

Adaptação da família

Sandra, minha esposa, sempre foi meu alicerce. Quando compartilhei com ela a decisão de nos mudarmos para São Paulo, sabia que não seria um processo simples. "Foi por necessidade que nos adequamos à ida", ela sempre lembra. A habilidade de conciliar o cuidado com nossa família e a administração dos próprios projetos é algo que admiro profundamente em Sandra. Mesmo diante de um período tão desafiador, ela conseguiu enxergar os benefícios de nossa mudança.

A transição foi especialmente difícil para nossa filha Mel, então adolescente. "Tirá-la de uma escola onde estudou a vida toda, no auge da adolescência, foi um impacto muito grande", Sandra recorda. Em Recife, Mel estava cercada por amigos de longa data e por uma rotina familiar. Em São Paulo, teve de enfrentar a realidade de ser uma novata em uma escola americana, na qual a aceitação de novos alunos em anos avançados era rara. Foi um processo doloroso para ela, mas também um aprendizado de adaptação e resiliência.

Minha rotina também passou por grandes transformações. Em Recife, era comum que eu viajasse semanalmente para São Paulo a trabalho. Com a mudança, eliminei essas viagens frequentes e pude focar melhor a consolidação das operações de nossos negócios na capital paulista. Essa proximidade também me permitiu observar mais de perto o mercado dinâmico de São Paulo, que constantemente me desafiava a inovar e a pensar em soluções escaláveis.

Sacrifícios e crescimento

Nos primeiros meses morando em São Paulo, Sandra precisou viajar a Recife várias vezes, pois ainda administrava a escola que havia criado. A rotina de deslocamentos era cansativa e exigia sacrifícios, mas também proporcionava crescimento pessoal e profissional.

A adaptação à nova cidade trouxe desafios, então logo construímos uma rede de apoio valiosa. Amigos como o Dr. Ricardo Pina e o casal Susana e Francesco Miralinzi foram fundamentais nesse processo, tornando a transição mais leve. "Eles estavam sempre ao nosso lado, nos convidando para almoços e jantares nos finais de semana", recorda Sandra.

Novo horizonte profissional

Do ponto de vista cultural, a mudança não foi tão abrupta para mim. Sempre fui uma pessoa adaptável, capaz de me conectar com diferentes realidades e culturas. São Paulo, com sua pluralidade e ritmo acelerado, me desafiou a pensar maior e a agir com mais intensidade. Ali, tudo parecia acontecer em uma escala ampliada. "Quando você vai a São Paulo, é como se crescesse cinco anos em um", observou Sandra certa vez, em uma afirmação que reflete nossa experiência coletiva.

A mudança para São Paulo também trouxe reflexões pessoais significativas. O contraste entre a efervescência da maior cidade do Brasil e as desigualdades ainda tão presentes no país reforçou meu compromisso com a educação e o empreendedorismo. Essa transição me reaproximou de valores humanitários e de minha fé. Passei a olhar mais atentamente para as questões sociais, buscando maneiras de ampliar nosso impacto positivo por meio do Instituto Êxito de Empreendedorismo.

Em 2019, o Instituto Êxito foi destaque na revista *Forbes* com a matéria intitulada "Por que o Instituto Êxito pode revolucionar o empreendedorismo de jovens carentes".[58] Já em 2022, foi notícia no portal IG, que destacou o convênio entre o Instituto Êxito e a Prefeitura Municipal de Salvador.

> O Instituto Êxito de Empreendedorismo e a Prefeitura Municipal de Salvador firmaram convênio para disponibilizar cursos sobre empreendedorismo a famílias em situação de vulnerabilidade social na capital baiana. A parceria irá disponibilizar os mais de 600 conteúdos gratuitos da plataforma digital do Instituto, entre cursos, palestras, vídeos inspiracionais e mentorias, que irão compor uma das trilhas na plataforma Salvador Tech.
> A Plataforma Salvador Tech é um portal destinado ao mercado de trabalho na área de tecnologia, por meio do qual deverá informar, capacitar e conectar jovens talentos aos temas e profissões do mercado tech, promovendo a inclusão digital e social na carreira que mais cresce no mundo, além de fortalecer a ponte para a empregabilidade junto às empresas do ecossistema de Salvador, bem como as interessadas em se instalar no município.[59]

---

58 POR QUE o Instituto Êxito pode revolucionar o empreendedorismo de jovens carentes. **Forbes**, 30 maio 2019. Disponível em: https://forbes.com.br/negocios/2019/05/por-que-o-instituto-exito-pode-revolucionar-o-empreendedorismo-de-jovens-carentes. Acesso em: 7 abr. 2025.

59 INSTITUTO Êxito vai fornecer cursos para moradores de Salvador. **Brasil Econômico**, 16 fev. 2022. Disponível em: https://economia.ig.com.br/2022-02-16/instituto-exito-vai-fornecer-cursos-para-moradores-salvador.html. Acesso em: 5 fev. 2025.

Vida em São Paulo

A efervescência de São Paulo nos apresentou possibilidades infinitas. A cidade nos surpreendia a cada dia, não apenas pela capacidade de oferecer soluções imediatas para qualquer necessidade, mas também pela riqueza cultural e pela maneira como nos impulsionava a crescer. Costumo dizer que São Paulo tem uma energia que nos faz pensar grande. Essa energia contagiava nossa família, mesmo diante dos desafios.

Sandra, que inicialmente sentia saudades da rotina mais tranquila de Recife, rapidamente encontrou o próprio espaço. "Hoje, sinto-me tão adaptada que, muitas vezes, sou eu quem dá informações para os paulistanos", ela brinca. Essa sensação de pertencimento foi fundamental para que pudéssemos abraçar completamente essa nova fase.

Explorar a cena gastronômica de São Paulo se tornou um de meus passeios favoritos. A cidade oferece uma diversidade impressionante de restaurantes. Entre aqueles que conquistaram um lugar especial em minha rotina estão: o Jam – Japanese Food, Arts & Music, que combina excelente culinária com música ao vivo e um ambiente repleto de arte; o Due Cuochi, onde tradição e modernidade da cozinha italiana se encontram; o Nino Cucina e Vino, que traduz a essência da Itália tanto nos pratos quanto na atmosfera acolhedora; e o La Tambouille, um clássico inaugurado em 1971 que me encanta com a fusão franco-italiana e as sobremesas inesquecíveis.

Registros de Janguiê e Sandra em São Paulo: momentos no apartamento do casal, nas confrarias, em palestras e outras ocasiões especiais. Fonte: arquivo pessoal.

CAPÍTULO 7
O cargo de presidente da ABMES

> **A liderança não é sobre títulos, posições ou organogramas. É sobre uma vida influenciando outra.**
>
> *John C. Maxwell*[60]

Fundada em 1982, a Associação Brasileira de Mantenedoras de Ensino Superior (ABMES) representa as instituições privadas de ensino superior no Brasil, responsáveis por mais de 75% das matrículas no país. A entidade defende os interesses dessas instituições, assegurando que as demandas delas sejam consideradas em debates políticos e sociais.

Um marco significativo da ABMES foi a garantia do direito constitucional que estabelece que "o ensino é livre à iniciativa privada",

[60] MAXWELL, J. **As 21 irrefutáveis leis da liderança**. Rio de Janeiro: Thomas Nelson Brasil, 2013.

conforme o artigo 209 da Constituição Federal.[61] Esse princípio orienta as ações da associação, assegurando a autonomia das instituições particulares dentro dos parâmetros legais. Além disso, a ABMES atua como intermediária entre as associadas e o Ministério da Educação, facilitando o diálogo sobre temas como regulação, financiamento e qualidade acadêmica.

Com mais de quatro décadas de existência, a ABMES se consolidou como uma força representativa e influente, promovendo eventos, seminários e publicações que fomentam o aprimoramento das instituições associadas. Esse trabalho contínuo visa ao fortalecimento das mantenedoras e à garantia de que o ensino superior privado permaneça essencial na democratização do acesso à educação no Brasil.

Quando fui convocado a me candidatar à presidência da ABMES, em 2016, senti que minha trajetória até aquele momento havia me preparado para aquele novo desafio. Ter sido fundador e presidente do Conselho de Administração do Grupo Ser Educacional me proporcionou uma visão ampla sobre as necessidades e os desafios enfrentados pelas instituições particulares de ensino superior. A educação sempre foi meu propósito, e presidir a ABMES significava a chance de transformar, em nível nacional, um setor que desempenha um papel fundamental na formação de milhões de brasileiros.

---

[61] BRASIL. Constituição (1988). Constituição da República Federativa do Brasil. Brasília, DF: Senado Federal, 1988. Disponível em: https://www.jusbrasil.com.br/topicos/10649599/artigo-209-da-constituicao-federal-de-1988. Acesso em: 4 abr. 2025.

Obstinados nunca desistem

Ao assumir a presidência da ABMES, minha prioridade era fortalecer ainda mais a representatividade das instituições particulares, tornando a associação um pilar estratégico nas discussões sobre políticas educacionais e a sustentabilidade do setor.

Substituir Gabriel Mario Rodrigues, que havia presidido a ABMES por doze anos, foi uma honra e, ao mesmo tempo, um grande desafio e responsabilidade. Antes disso, atuei como vice-presidente por dois mandatos durante a gestão dele. Assim, alguns amigos associados me incentivaram a disputar a presidência, pois, caso contrário, Gabriel concorreria a um quarto mandato sem qualquer oposição.

Apesar da lealdade que tinha por Gabriel, manifestei minha posição de que a permanência prolongada em cargos eletivos não é benéfica. Três mandatos já haviam sido suficientes para que ele deixasse um grande legado. Por isso, informei a ele minha decisão de me candidatar. Com o apoio da querida amiga Yara Xavier e da atual conselheira do Conselho Nacional de Educação (CNE), Elizabeth Guedes, desenvolvi a plataforma da campanha. Convidamos mais de quarenta membros para compor a chapa e iniciamos a disputa.

No início da campanha, ainda morando em Recife, precisei passar por uma cirurgia bucal. Por recomendação médica, estava impedido de viajar de avião e até de falar. A comissão eleitoral marcou um debate entre mim e Gabriel na sede da ABMES para aquela mesma época. Eu tinha duas opções: desobedecer a recomendação médica, pegar um avião e defender minhas propostas ou desistir da candidatura, pois, sem comparecer ao debate, dificilmente teria apoio dos associados.

Entretanto, os obstinados nunca desistem dos sonhos, dos ideais e dos propósitos de vida. Desobedecendo as orientações médicas, viajei a Brasília e surpreendi a todos ao chegar no horário marcado. Muitos acreditavam que eu não compareceria. Mesmo usando uma máscara e com dificuldades para falar, apresentei minhas ideias, que foram bem recebidas e aplaudidas. Depois do debate, Gabriel e todos os presentes viram que estavam diante de um verdadeiro obstinado.

Uma semana depois, Gabriel foi até minha residência em Recife. Reconhecendo a legitimidade de minha candidatura, propôs uma composição: ele assumiria a presidência do Conselho e abriria mão da disputa.

Os primeiros passos e a continuidade de um legado

Gabriel construiu uma base sólida e respeitada, e minha missão era dar continuidade a esse trabalho, com o desafio de inovar e adaptar a ABMES às novas realidades do mercado educacional. O setor passava por transformações, e minha meta era garantir que a ABMES estivesse à frente dessas mudanças.

Desde o início, meu foco foi fortalecer a representatividade das pequenas e médias instituições, que constituem a maioria das associadas da ABMES. A maior parte delas tem menos de três mil alunos e enfrenta desafios específicos, como a concorrência com grandes grupos educacionais e as rigorosas regulamentações do Ministério da Educação (MEC). Percebi que essas instituições precisavam de um suporte especial, tanto no aspecto regulatório quanto na gestão organizacional. Além disso, muitas dependiam diretamente do Fundo de Financiamento Estudantil (FIES) para manter a sustentabilidade, e as mudanças nas regras do programa representaram um grande impacto para elas

Em 2016, a Medida Provisória 741 introduziu alterações que afetaram diretamente as instituições privadas. A partir dessa mudança, as instituições passaram a arcar com a remuneração administrativa dos bancos na concessão do FIES, um custo de 2% sobre o valor dos encargos educacionais liberados. Anteriormente, essa remuneração era paga pelo Tesouro Nacional por meio do Fundo Nacional de Desenvolvimento da Educação (FNDE). Além disso, passaram a ser responsáveis solidárias por 15% das inadimplências acima de noventa dias decorrentes do não pagamento do financiamento por parte do aluno.

Essas alterações resultaram em uma dedução total de 13,25% de cada mensalidade contratada pelo FIES, considerando os 5% de desconto obrigatório para o aluno e os 6,25% de contribuição para o Fundo de Garantia de Operações de Crédito Educativo

(FGEDUC). Consequentemente, muitas instituições passaram a arcar com até 28,25% dos créditos liberados pelo MEC.

Logo no início de minha gestão, uma das primeiras ações foi fortalecer o diálogo com o governo federal e com o MEC. Sabíamos que as políticas de financiamento eram essenciais para garantir o acesso ao ensino superior e, portanto, era fundamental que essas regras fossem justas e adequadas à realidade das instituições. Propor mudanças no FIES, por exemplo, foi uma das pautas prioritárias, especialmente no que diz respeito à ampliação do prazo de carência para os estudantes e à flexibilização dos requisitos de acesso.

O impacto da crise econômica e as ações inovadoras

Durante meu mandato, o Brasil vivia um período de crise econômica severa, o que impactou diretamente o setor educacional. As instituições enfrentaram dificuldades para manter as operações devido à queda na demanda e à redução dos contratos de financiamento estudantil. Para piorar, a economia em retração fez com que muitas famílias não tivessem condições de arcar com as mensalidades, o que gerou uma necessidade urgente de novas estratégias para captação e retenção de alunos.

Como presidente da ABMES e empresário do setor educacional, sempre acreditei que a inovação é a chave para superar momentos de crise. Defendi, desde o início, que as instituições deveriam se adaptar e abraçar as novas tecnologias, principalmente no campo do ensino a distância (EaD), que já vinha crescendo antes de minha gestão. Fiz questão de promover essa modalidade como uma solução eficaz e acessível para ampliar o acesso à educação superior, especialmente para estudantes de regiões mais remotas do país.

Com o EaD, as instituições puderam oferecer educação de qualidade a alunos que, de outra maneira, não teriam acesso a ela. Esse foi um dos grandes marcos de minha gestão, e me orgulho de ter contribuído para o fortalecimento do ensino a distância no Brasil. Acreditava, e ainda acredito, que o EaD pode transformar a educação superior, tornando-a mais inclusiva e adaptável às diferentes realidades dos estudantes brasileiros.

O fortalecimento da ABMES

Fui honrado com a confiança dos associados da ABMES ao ser eleito por aclamação. Esse reconhecimento foi um incentivo para continuar o trabalho que já havia iniciado como vice-presidente da ABMES e como presidente da Associação Brasileira das Faculdades (ABRAFI). Um dos focos principais do mandato foi consolidar a posição da ABMES como uma das principais vozes do setor educacional no Brasil. Expandimos nossa atuação em diversas frentes, desde a defesa de políticas públicas até a promoção de eventos e seminários que fomentavam a inovação nas instituições de ensino.

Além disso, a ABMES, sob minha presidência, lançou iniciativas como o Prêmio Fernando Braga de Sustentabilidade Ambiental na Educação Superior, que, na primeira edição, registrou 116 projetos inscritos e 18 personalidades indicadas. Outro destaque foi o Prêmio ABMES de Jornalismo, que continuou a bater recordes de inscrições, mobilizando a imprensa brasileira para uma cobertura qualificada das temáticas relacionadas ao universo da educação superior.

Também intensificamos o diálogo com outras associações e entidades do setor educacional. O trabalho colaborativo com o CNE e com o próprio MEC foi essencial para alcançar avanços significativos nas pautas de interesse das instituições particulares. Durante meu mandato, a ABMES foi uma peça-chave nas discussões sobre o aperfeiçoamento do FIES, apresentando, por exemplo, propostas concretas para tornar o programa mais acessível e sustentável no longo prazo.

A transição para a vice-presidência e a presidência do Conselho de Administração

Ao final de meu mandato, em 2019, não houve nenhum candidato de oposição. Preparei a nova chapa e estava pronto para ser reeleito por aclamação. No entanto, senti que era o momento de passar o bastão para a nova geração de líderes. Decidi, então, indicar Celso Niskier, meu vice-presidente, que sempre teve uma participação ativa na ABMES e compartilhava minha missão, meus valores e minha visão de futuro.

Um dia antes do registro da chapa, convoquei uma reunião no restaurante Fogo de Chão, em Brasília, com Celso Niskier, Paulo Chanan, Yara Xavier e os principais membros da equipe. Durante o encontro, anunciei que não concorreria à presidência e que Celso seria o candidato. Eu permaneceria como vice-presidente e assumiria a presidência do Conselho de Administração. A decisão pegou a todos de surpresa.

No dia seguinte, registramos a chapa com Celso como presidente, e ele assumiu a liderança da entidade. A transição foi planejada e tranquila, e me orgulho de ver a ABMES em excelentes mãos. Celso é um líder sério, ético, leal e comprometido com a inovação e a defesa das instituições de ensino superior particulares. Tenho plena confiança na capacidade que ele tem de conduzir a entidade no caminho certo.

Assumir o cargo de vice-presidente e de presidente do Conselho foi uma decisão estratégica. Embora eu tenha passado a presidência, continuei profundamente envolvido nas decisões e nos projetos da ABMES. Minha experiência acumulada ao longo dos anos como presidente me permitiu contribuir de modo direto para as novas iniciativas, ao mesmo tempo que oferecia suporte à gestão de Celso.

Reflexões sobre meu legado como presidente

Minha passagem pela presidência da ABMES foi um dos momentos mais gratificantes de minha carreira. Tive a oportunidade de liderar uma entidade que desempenha um papel crucial no cenário educacional brasileiro, em um momento de grandes mudanças e desafios. Contribuir para o fortalecimento das instituições privadas de ensino superior, defendendo interesses e promovendo inovações, foi uma missão que abracei com todo meu empenho e minha dedicação.

Sinto que minha gestão deixou um legado de inovação e resiliência. Enfrentamos momentos de crise, mas também aproveitamos as oportunidades que surgiram, especialmente no campo das novas tecnologias. A ABMES, hoje, é uma entidade mais forte e mais respeitada, e isso é fruto do trabalho de toda uma equipe comprometida com a educação de qualidade.

Estar ao lado de Celso Niskier, agora como vice-presidente e presidente do Conselho de Administração, me permite continuar lutando pelos mesmos ideais que guiaram minha presidência. O setor educacional no Brasil ainda enfrenta muitos desafios, mas sei que, com a união das instituições e com o trabalho sério e dedicado da ABMES, continuaremos a avançar.

Debate como candidato à presidência, além de participações em seminários e jantares da ABMES.
Fonte: arquivo pessoal.

CAPÍTULO 8

Criação do Instituto Êxito de Empreendedorismo

> **Todo mundo nasce empreendedor. Alguns têm a chance de libertar esse potencial. Outros nunca vão ter a chance ou nunca souberam que tinham essa capacidade.**
>
> ***Muhammad Yunus*[62]**

Desde o início de minha trajetória, compreendi que o caminho para o sucesso seria pavimentado com desafios e superações constantes. Nascido no sul... no sul da Paraíba, e mais tarde adotado por Pernambuco. Filho de pais analfabetos, foi por meio da educação que pude mudar minha história e meu destino.

As responsabilidades como magistrado federal do Trabalho, professor de Direito da Universidade Federal de Pernambuco e

62 YUNUS, M. **Um mundo sem pobreza**: a empresa social e o futuro do capitalismo. São Paulo: Ática, 2008.

procurador do Trabalho do Ministério Público da União trouxeram desafios paralelos, que abracei com seriedade. A criação do Grupo Ser Educacional – que teve início com o Bureau Jurídico e, posteriormente, com a Faculdade Maurício de Nassau – foi um marco essencial em minha trajetória empreendedora.

Ao longo de minha vida, percebi que o empreendedorismo é uma poderosa ferramenta de transformação social. Por meio dele, podemos gerar riqueza, emprego e renda, impactando vidas, especialmente aquelas vindas de contextos menos favorecidos. Foi com esse propósito que, em 2019, fundei o Instituto Êxito de Empreendedorismo. A iniciativa nasceu com a missão de apoiar jovens, especialmente os de escolas públicas, a desenvolverem uma mentalidade empreendedora para a vida e, posteriormente, para os negócios.

Junto a 33 outros empreendedores, criamos uma organização social comprometida em transformar a mentalidade dos jovens de escolas públicas, capacitando-os e fornecendo ferramentas teóricas e práticas para que possam mudar a própria realidade por meio da educação empreendedora e do próprio empreendedorismo.

Estes são os fundadores que acreditaram no projeto e a quem presto minha homenagem: José Janguiê Bezerra Diniz, Celso Niskier, Gustavo da Cruz Caetano, João Kepler Braga, Cláudio Castro Pessoa de Melo, Leandro Gueiros Marcondes, Rodrigo Gazola Rivellino, Rafael Figueiredo Bezerra, Alfredo Carlos Bertelli Soares, Luiz Augusto Corrêa de Araújo Filho, Marcos Roberto Bezerra de Mello Moura Dubeux, Bruno Guedes

Pereira, Antônio Carbonari Netto, Vasco José Ramos Malta Patu, Marcelo Chucre da Costa, Luiz Antônio Vasconcelos, Jânyo Janguiê Bezerra Diniz, Geraldo Aristides Rufino, José Wilson dos Santos, Chaim Zaher, Cândido Pinheiro Koren de Lima Júnior, Edgar Sato Aparecido de Freitas Ueda, Mário Osmar Spaniol, João Boschilia Appolinário, Anderson Mário Marques da Rocha, Márcio Rogério Giacobelli, Cláudio Henrique do Vale Vieira, Ana Carolina Paifer, Arnaldo Xavier Alves da Rocha, André Capistrano Emrich, André Palis e Henrique Diniz Mascarenhas.

O impacto social do Instituto Êxito é imensurável. Desde o início, alcançamos milhares de jovens em diversas regiões do Brasil e no exterior, especialmente nos países africanos de língua portuguesa, muitos deles em situação de vulnerabilidade social. Nosso trabalho vai além da oferta de cursos e palestras; estamos criando um movimento para transformar mentalidades e preparar a próxima geração de líderes e empreendedores.

Atualmente, contamos com mais de quinhentos empreendedores associados e oferecemos mais de mil cursos de habilidades socioemocionais e técnicas voltadas para o empreendedorismo. Até o momento, mais de cem mil jovens passaram gratuitamente por nossa plataforma.

Além dos cursos on-line gratuitos, o Instituto Êxito realiza diversos programas sociais, alguns em parceria com a Uninassau, instituição de ensino superior do Grupo Ser Educacional. Um dos projetos mais marcantes foi o Momento Crescer, desenvolvido na periferia de Guaianases, na Zona Leste de São Paulo – sobre o qual falarei mais adiante.

Outro projeto de grande impacto, também em parceria com a Uninassau, foi o Contador de Homicídios, idealizado pelo amigo e parceiro Sérgio Murillo, diretor de ESG (Environmental, Social, and Governance, ou Ambiental, Social e Governança, em tradução livre) do Grupo Ser Educacional. A iniciativa ganhou grande repercussão ao contabilizar, diariamente, o número de homicídios no Estado de Pernambuco, conscientizando a população sobre a gravidade do problema. O projeto, que contou com a participação ativa de alunos do Grupo Ser Educacional, ultrapassou as fronteiras e alcançou reconhecimento internacional, sendo divulgado em 27 países.

O site G1, por exemplo, noticiou:

> Representantes da Organização Não Governamental (ONG) PEbodycount e do Instituto Maurício de Nassau instalaram, nesta quarta-feira (30), um contador de homicídios na esquina das ruas Joaquim Nabuco e Guilherme Pinto, no Recife. No primeiro dia de funcionamento, o equipamento, concebido pela designer Andréa Aguiar, marcou 11 assassinatos, 364 mortes em abril deste ano e 1,5 mil homicídios nos primeiros quatro meses de 2008. O número de assassinatos será atualizado a cada 24 horas e a contagem é feita com base em dados levantados em hospitais, delegacias e institutos de Medicina Legal do estado.[63]

---

63 Recife lança relógio contador de homicídios. **G1**, 10 dez. 2015. Disponível em: https://www.clickpb.com.br/policial/recife-lanca-relogio-contador-de-homicidios-33334.html. Acesso em: 5 fev. 2025.

O Termômetro dos Transplantes, outra iniciativa pioneira do Instituto e da Uninassau, foi um projeto que circulou por vários estados, destacando a importância da doação de órgãos.

Essas ações são exemplos de como o Instituto Êxito não apenas capacita jovens para adquirirem mentalidade empreendedora e se tornarem empreendedores, mas também para que atuem diretamente em questões sociais de grande relevância. Todas essas ações reforçam nosso compromisso de transformar o Brasil por meio da educação empreendedora, do empreendedorismo e da ação social.

O sucesso do Instituto Êxito não teria sido possível sem as valiosas colaborações de todos os fundadores, dos empreendedores associados e das imprescindíveis parcerias estabelecidas ao longo do caminho. Desde o início, firmamos uma parceria com a ABMES, instituição da qual fui presidente por um mandato e vice-presidente por quatro mandatos. No momento em que finalizo este livro (em março de 2025), sou o atual presidente do Conselho de Administração da ABMES. Também firmamos uma importante parceria com a Organização das Nações Unidas para a Educação, Ciência e Cultura (Unesco), que nos ajudou a estruturar nossos programas e garantir que nossas ações alcançassem o maior número possível de jovens.

A seção de Economia do site IG divulgou a seguinte notícia:

> O Instituto Êxito de Empreendedorismo, em parceria com a Organização das Nações Unidas para a Educação, a Ciência e a Cultura (Unesco), desenvolveu o curso "Lições

> de Empreendedorismo para o Alcance de uma Educação Emancipadora e Transformadora", que visa disseminar a cultura empreendedora entre estudantes do Ensino Médio. O material, que é exclusivo e inédito no país, está sendo disponibilizado gratuitamente *on-line* e começa a ser implantado em redes de ensino pelo Brasil.[64]

Essas parcerias trouxeram legitimidade e alcance para nossos projetos sociais, permitindo que expandíssemos nossa atuação para todo o Brasil.

A educação empreendedora oferecida pelo Instituto Êxito é diferenciada, pois vai além da teoria. Nossos cursos e nossas mentorias são desenvolvidos com base em experiências reais do mundo dos negócios, proporcionando aos participantes a oportunidade de aprender diretamente com grandes nomes do empreendedorismo brasileiro, como João Kepler, João Appolinário, Geraldo Rufino, Oséias Gomes, Carol Paiffer e Sérgio Moura. Essa proximidade com os fundadores e mentores do Instituto permite que os jovens enxerguem o empreendedorismo não como um sonho distante, e sim como um caminho concreto e acessível a todos.

---

64 INSTITUTO Êxito e Unesco disponibilizam curso inédito para estudantes. **Brasil Econômico**, 27 jul. 2022. Disponível em: https://economia.ig.com.br/2022-07-27/instituto-exito-unesco-curso.html. Acesso em: 5 fev. 2025.

Com alguns dos empreendedores do Instituto Êxito. Fonte: arquivo pessoal.

DIARIO de PERNAMBUCO

SUPEREDIÇÃO de FIM DE SEMANA

Instituto Êxito lançado em São Paulo

Entidade visa despertar o espírito empreendedor nos jovens carentes, sobretudo de escolas públicas

Investimento e incentivo a projetos e empreendedores

análise jurídica

As mudanças nas obrigações de publicação das sociedades anônimas

Destaque no Diário de Pernambuco. Fonte: reprodução.

A Câmara da Diversidade e Inclusão do Êxito

Liderar o Instituto Êxito tem sido uma jornada desafiadora, mas gratificante. Como fundador, sempre acreditei na importância de liderar pelo exemplo, mostrando aos jovens que, com determinação e perseverança, é possível superar qualquer obstáculo. No entanto, não posso negar que enfrentamos desafios significativos ao longo do caminho.

Um dos maiores desafios internos foi garantir que nossa missão de democratizar o empreendedorismo alcançasse todos os públicos, incluindo grupos em situação de vulnerabilidade. Foi nesse contexto que percebemos a necessidade de criar a Câmara da Diversidade e Inclusão, liderada por Nayara Motta. Desde o início, havia uma lacuna em nossa comunicação e imagem, que não refletia a diversidade que estávamos buscando atingir.

Apesar de nosso foco em jovens de escolas públicas, as primeiras campanhas de comunicação do Instituto retratavam majoritariamente pessoas brancas e de classe alta. Nayara levantou essa questão, e rapidamente vimos a importância de reformular nossa abordagem.

A criação da Câmara foi um passo crucial para garantir que o Instituto se conectasse com jovens de todas as origens. Trabalhamos intensamente para criar um ambiente inclusivo, que pudesse realmente representar a diversidade do Brasil. Um dos primeiros projetos da Câmara foi o Momento Crescer, que atuou diretamente com mulheres negras da periferia, muitas delas sobreviventes de violência doméstica. Por meio desse projeto, conseguimos oferecer capacitação, além de criar redes de apoio e dar visibilidade às histórias dessas mulheres.

Outro projeto relevante foi o trabalho com a Tia Egle, que atua em uma das maiores periferias da Baixada Santista, oferecendo apoio a pessoas LGBTQIA+, mães de crianças com deficiência e ex-detentos. Por meio desse projeto, o Instituto Êxito conseguiu adaptar as trilhas de conhecimento para atender às necessidades específicas de cada um desses grupos, mostrando a importância de uma educação empreendedora inclusiva.

Apesar do sucesso desses projetos, enfrentamos desafios internos relacionados ao engajamento. Muitos membros do Instituto ainda viam a inclusão como uma prioridade secundária. Com persistência e apoio, seguimos firmes na missão de integrar a diversidade de maneira genuína e natural à cultura do Instituto.

Parceria com a Unesco

Mencionei anteriormente que o Instituto Êxito de Empreendedorismo surgiu em 2019 com uma missão clara: transformar a vida de jovens brasileiros por meio da educação empreendedora. A ideia central do projeto foi desenhada a partir da constatação de que, embora a educação tradicional desempenhe um papel essencial na formação dos jovens, ela muitas vezes falha em prepará-los para os desafios do mundo real.

Nós, fundadores do Instituto, compartilhamos a visão de que o empreendedorismo é uma ferramenta poderosa para capacitar os jovens a se tornarem protagonistas das próprias histórias e líderes das comunidades das quais fazem parte. Com essa premissa, o Instituto Êxito começou a traçar essa jornada.

Desde o início, ficou claro que, para alcançar nossos objetivos, seria fundamental estabelecer parcerias estratégicas com organizações de peso, comprometidas com a educação transformadora. Foi nesse contexto que a Unesco, reconhecida pela longa trajetória na promoção de uma educação de qualidade e inclusiva, especialmente em países em desenvolvimento como o Brasil, apresentou-se como uma aliada natural.

A parceria entre o Instituto Êxito e a Unesco foi um marco fundamental para o projeto, proporcionando uma dimensão internacional e consolidando nossa posição como agentes de transformação social. A iniciativa surgiu a partir de uma proposta de Marcelo Chucri, um dos fundadores do Instituto, que já tinha uma relação anterior com a Unesco por meio de outros projetos educacionais. Ele apresentou a ideia ao vice-presidente Celso Niskier, também sócio-fundador, e juntos discutiram a viabilidade de envolver a Unesco no desenvolvimento de um material educativo focado em educação empreendedora e empreendedorismo.

A proposta era ambiciosa: criar um sistema de ensino focado em educação empreendedora e empreendedorismo, que tivesse a capacidade de ser disseminado em larga escala tanto em escolas públicas quanto em instituições privadas. O objetivo era proporcionar aos jovens brasileiros a oportunidade de adquirir conhecimentos e desenvolver habilidades técnicas para empreender no mundo empresarial.

Agendamos uma reunião com Marlova Noleto, diretora da Unesco, em Brasília. Ela imediatamente demonstrou interesse no projeto, reconhecendo o grande potencial de impacto na educação. A Unesco já vinha apoiando diversas iniciativas educacionais alinhadas ao Objetivo de Desenvolvimento Sustentável

(ODS) 4, que visa garantir uma educação inclusiva, equitativa e de qualidade, promovendo oportunidades de aprendizagem ao longo da vida.

Nossa proposta estava alinhada com essa missão, especialmente ao focarmos jovens de escolas públicas, um grupo frequentemente negligenciado em iniciativas de empreendedorismo. Com a parceria firmada, iniciamos o desenvolvimento do conteúdo do sistema de ensino. Nossa equipe, composta de educadores, consultores e especialistas em educação empreendedora, estruturou um modelo baseado em quinze competências essenciais, que formariam a base do curso.

Essas competências foram organizadas em três categorias principais: pessoais, técnicas e gerenciais. As competências pessoais englobavam habilidades como liderança, trabalho em equipe, autogestão e resiliência – todas fundamentais para o desenvolvimento de uma mentalidade empreendedora.

As competências técnicas abrangiam noções de finanças, planejamento estratégico e inovação, enquanto as competências gerenciais tratavam de temas como gestão de equipes, processos e projetos.

O projeto do Instituto Êxito ganhou uma nova dimensão com a colaboração da Unesco, que contribuiu significativamente desde o início. A organização sugeriu a inclusão de uma 16ª competência no curso, enfocando questões socioambientais. Essa adição ampliou a visão do empreendedorismo, incorporando responsabilidade social e ambiental, enriquecendo o conteúdo de modo relevante. Além disso, a Unesco, com uma vasta rede de especialistas, auxiliou no desenvolvimento pedagógico do material, garantindo que fosse acessível e adaptável a jovens de diferentes contextos sociais e econômicos.

O financiamento do projeto também foi um marco importante. Além do investimento inicial dos sócios do Instituto Êxito, contamos com o apoio da XP Investimentos, por meio de Guilherme Benchimol, que acreditou no potencial da iniciativa e se comprometeu a financiar o desenvolvimento do material didático. Esse suporte foi fundamental para cobrir custos de pesquisa, contratação de consultores e produção de conteúdos, assegurando a qualidade necessária para o projeto.

No entanto, a implementação enfrentou desafios significativos. A pandemia de covid-19 paralisou muitas atividades e nos obrigou a repensar a maneira de levar o curso adiante. Originalmente concebido para ser aplicado no modo presencial em escolas públicas e privadas, o material precisou ser rapidamente adaptado para o formato digital. Essa transição trouxe novos obstáculos técnicos e logísticos, exigindo a reformulação de grande parte do conteúdo para mantê-lo acessível e eficaz no ambiente remoto.

A pandemia também impactou a receptividade das prefeituras e dos governos estaduais, que estavam sobrecarregados com a crise de saúde pública. Apesar do interesse das autoridades educacionais em adotar o curso, a logística e as prioridades do momento tornaram a implementação mais lenta do que o esperado. Mesmo assim, sabíamos que a educação empreendedora era mais necessária do que nunca, especialmente em um cenário de crise econômica e desemprego crescente, que afetou principalmente os jovens.

O material desenvolvido em parceria com a Unesco foi amplamente elogiado pelos gestores municipais. Intitulado "Empreendedorismo para uma vida transformadora e emancipadora", o curso reflete o objetivo de oferecer aos jovens não apenas habilidades técnicas, mas também socioemocionais, ajudando-os a desenvolver uma visão de futuro e uma nova maneira de enxergar o mundo. Apesar das dificuldades, conseguimos implantar o projeto piloto no município de Bezerros, em Pernambuco, liderado pela prefeita Lucielle Laurentino, que já está na segunda turma. Agora, avançamos para expandir a iniciativa para outros municípios brasileiros.

A educação empreendedora, para nós, vai além de ensinar a abrir um negócio: trata-se de formar indivíduos capazes de identificar problemas nas comunidades das quais fazem parte e criar soluções inovadoras que gerem impacto positivo.

A parceria com a Unesco foi fundamental para garantir a legitimidade e a profundidade do conteúdo. A chancela de uma organização internacional de renome trouxe credibilidade ao projeto e abriu portas para novas parcerias e oportunidades de crescimento. Além disso, a Unesco tem sido uma aliada no acompanhamento dos resultados e no refinamento contínuo do material, assegurando que ele esteja sempre atualizado e alinhado com as melhores práticas educacionais.

Hoje, o Instituto Êxito continua a expandir o alcance, buscando novas maneiras de levar o curso a mais jovens em todo o país. Seja por meio de parcerias com governos estaduais e municipais, seja pela ampliação da plataforma digital, acreditamos que, ao empoderar os jovens com uma educação de qualidade focada no empreendedorismo, estamos contribuindo para um Brasil mais justo, inclusivo e inovador.

Reunião com a Unesco, além da aula inaugural e da formatura dos alunos de Bezerros (PE). Fonte: acervo pessoal.

Visão de futuro: sustentabilidade e educação

Estamos constantemente em busca de parcerias com empresas e instituições de diversos setores, com o objetivo de expandir o impacto social do Instituto. Essas parcerias podem incluir o uso dos cursos e dos programas do Instituto como projetos sociais para as comunidades nas quais as empresas atuam, bem como para o desenvolvimento de funcionários. Já impactamos mais de 100 mil pessoas, e medimos o sucesso por meio de depoimentos diversos, certificados de conclusão e vídeos que comprovam a transformação gerada. Acreditamos que, com uma estrutura sólida e o apoio de grandes parceiros, podemos seguir gerando mudanças positivas na sociedade brasileira.

Êxito Mentoring Experience (EMX): transformando vidas e negócios

Costuma-se dizer que o conhecimento é o único bem que, quando compartilhado, multiplica-se. Não me canso de afirmar, por onde quer que eu vá, que, ao longo de minha trajetória, sempre acreditei no poder transformador da educação e do empreendedorismo. Foi com essa convicção que idealizei, no Instituto Êxito de Empreendedorismo, em 2021, a criação da mentoria Êxito Mentoring Experience (EMX), um programa voltado para empreendedores, CEOs e gestores que desejassem atingir um novo patamar na carreira e nos negócios.

Esse projeto surgiu de minha vontade de compartilhar, junto a outros grandes nomes do empreendedorismo, os aprendizados e as experiências que acumulei em décadas de atuação. Sabia que era possível criar um espaço no qual os participantes não apenas aprendessem estratégias empresariais, mas também desenvolvessem a mentalidade necessária para alcançar resultados excepcionais.

O EMX é um programa de mentoria inovador oferecido pelo Instituto Êxito de Empreendedorismo, que combina conhecimento técnico, prática e networking em um formato único. A cada edição, os participantes têm acesso a aulas semanais on-line ao vivo, encontros presenciais em São Paulo e uma imersão especial de quatro dias em locais paradisíacos, como as praias de Muro Alto, em Pernambuco. Com mais de setenta mentores, empreendedores e conselheiros do Instituto, o EMX oferece uma experiência rica e diversificada, gerando resultados extraordinários para os mentorados.

Instituto Êxito de Empreendedorismo como base do Êxito Mentoring Experience

O EMX é uma das grandes iniciativas do Instituto Êxito de Empreendedorismo, que fundei com o propósito de democratizar o acesso ao conhecimento, à educação empreendedora e ao empreendedorismo. Como já mencionado no capítulo anterior, o Instituto é uma organização sem fins lucrativos que trabalha incansavelmente para capacitar jovens, especialmente de escolas públicas, oferecendo ferramentas para que possam se tornar protagonistas das próprias histórias.

Tudo o que arrecadamos com as inscrições do programa é direcionado ao Instituto Êxito, reforçando nosso compromisso com a educação empreendedora e o impacto social. Saber que cada participante está investindo na própria jornada, bem como contribuindo para a formação de novos empreendedores, é algo que nos inspira profundamente.

Edições do Êxito Mentoring Experience

Desde a criação, o programa passou por diversas edições, cada uma com características marcantes e um impacto significativo na vida dos participantes. A primeira edição, que aconteceu em 2021, foi um marco, reunindo grandes nomes como mentores, entre eles João Appolinário, fundador da Polishop; José Roberto Marques, do Instituto Brasileiro de Coaching; e João Kepler, CEO da Bossa Investimentos.

Com o sucesso dessa primeira experiência, o programa se consolidou como referência no mercado de mentorias de alta performance. A cada edição, buscamos inovar e ampliar a relevância do conteúdo. Incorporamos novos mentores, como Carol Paiffer, CEO da Atom S/A, e Oséias Gomes, fundador da Odonto Excellence Franchising, que trouxeram visões complementares ao programa e muitos outros, ultrapassando a casa dos setenta mentores e dezenas de mentorandos

Características do programa

O Êxito Mentoring Experience é estruturado nos três seguintes pilares principais:

1. **Mentorias ao vivo**: aulas on-line semanais, interativas e práticas, conduzidas por mentores de renome.
2. **Encontros presenciais em São Paulo**: espaços para networking, apresentações de pitches e conexões diretas com investidores e outros participantes.
3. **Imersões transformadoras**: realizadas em locais paradisíacos, oferecem uma experiência intensiva, em que os participantes podem absorver conhecimento, trocar experiências e recarregar energias.

Além disso, ao final do programa, os participantes que atingem aproveitamento total recebem um diploma de MBA em Empreendedorismo, em parceria com instituições educacionais de prestígio.

Desafios e oportunidades

Como qualquer projeto inovador, o EMX enfrentou desafios. Desde a logística para reunir mentores e participantes em diferentes partes do Brasil até o desenvolvimento de um modelo que equilibra teoria, prática e vivências transformadoras, cada detalhe exigiu planejamento e dedicação.

Por outro lado, os desafios trouxeram grandes oportunidades. O feedback dos participantes foi essencial para aprimorarmos o programa e consolidarmos a reputação dele. Ver os negócios e a vida dos participantes sendo transformados é a maior recompensa que podemos receber.

Reflexões e futuro

Ao olhar para tudo que já construímos com o Êxito Mentoring Experience, sinto-me grato por cada mentor, cada mentorando participante e cada lição ensinada e aprendida ao longo dessa jornada. Esse programa é mais do que um curso; é uma plataforma de transformação, uma ponte que conecta conhecimento, propósito e impacto.

Seguiremos inovando e expandindo, sempre com o compromisso de levar mais do que estratégias de negócios: levar inspiração, propósito e a crença de que é possível transformar sonhos em realidade. Porque, no final, o verdadeiro sucesso é aquele que transforma não só a vida de quem o alcança, mas também de todos ao redor.

êxito

êxito

êxito

Diversos momentos das edições do Êxito Mentoring Experience. Fonte: divulgação.

CAPÍTULO 9
A era digital

A tecnologia move o mundo.

Steve Jobs[65]

Sempre acreditei que os grandes desafios são também grandes oportunidades de transformação. E foi assim que encarei o surgimento das plataformas digitais, que, em vez de um obstáculo, foram para mim uma ponte para o futuro.

A revolução digital transformou o mundo dos negócios e foi um catalisador para que eu repensasse meus próprios produtos e empresas, incluindo o Grupo Ser Educacional. A transição para o digital não foi apenas uma adaptação, e sim uma reinvenção

[65] Frase comumente atribuída ao cofundador, ex-presidente e ex-diretor executivo da Apple, Steve Jobs (1955-2011).

completa, que trouxe novas formas de alcançar e impactar as pessoas através da educação.

Despertar para a necessidade do digital

No início da década de 2010, as transformações tecnológicas já eram evidentes. A internet e as redes sociais deixaram de ser apenas ferramentas de comunicação pessoal para se tornarem meios essenciais de conexão e consumo. Foi nesse contexto que percebi que, para continuar crescendo e impactando vidas, era necessário entrar de vez na era digital. Eu sabia que, como empreendedor e educador, não poderia ignorar o potencial de expansão que o mundo digital oferecia.

Esse processo, porém, não foi automático. Assim como muitos empreendedores de minha geração, precisei aprender, perder o medo e a vergonha de me expor, me atualizar e, acima de tudo, entender que o digital não era apenas uma nova tendência, era um novo ecossistema de negócios.

A presença física, embora ainda importante, deixava de ser o único ponto de contato com o público. Para alcançar um número maior de pessoas e democratizar o acesso à educação, o digital se tornou o centro de minha estratégia.

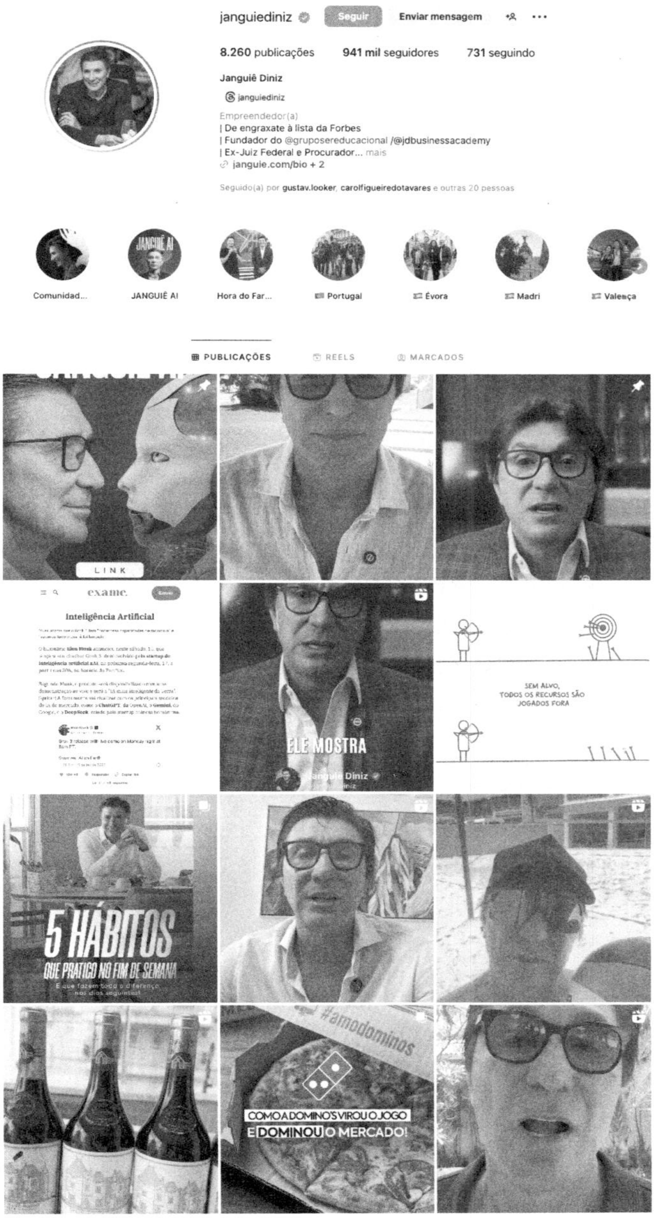

Página de Janguiê Diniz no Instagram. Fonte: reprodução.

Criação de conteúdo para as plataformas digitais

O próximo grande passo nessa era digital foi entender que não bastava digitalizar os processos educacionais: era preciso se destacar nas plataformas nas quais o público estava. Isso significava atuar ativamente nas redes sociais, criar conteúdos relevantes e estar presente onde quer que nosso público buscasse informação.

Bastidores das gravações dos vídeos para as redes sociais. Fonte: arquivo pessoal.

Foi assim que começamos a investir em marketing digital, utilizando as redes sociais para divulgação, assim como uma ferramenta de relacionamento com nossos alunos e futuros estudantes.

Criar conteúdo relevante e educativo foi um dos principais focos. Antes, porém, o primeiro obstáculo a ser superado era a vergonha de me expor nas redes. Superamos essa adversidade com o tempo. A educação, que sempre foi meu propósito, ganhou um novo formato no digital. Iniciei uma série de vídeos, blogs e podcasts em que falava diretamente ao público sobre temas como educação, empreendedorismo e inovação. Ao criar uma presença ativa nas plataformas digitais, consegui aproximar o Grupo Ser Educacional do público, engajando não apenas alunos, mas também profissionais, empreendedores e interessados em aprender e se atualizar.

O impacto das redes sociais e das comunidades on-line

As redes sociais desempenharam um papel fundamental em nossa estratégia digital. Com a popularização de plataformas como Facebook, Instagram, LinkedIn e YouTube, identificamos uma oportunidade valiosa para criar comunidades on-line e estreitar ainda mais os laços com nossos alunos.

Por meio dessas plataformas, nossos estudantes e o público em geral passaram a contar com um canal direto de comunicação conosco, em que podiam compartilhar experiências, tirar dúvidas e até sugerir melhorias. Essa interação foi essencial para estreitar a relação com nossa comunidade.

Além disso, a presença do Grupo Ser Educacional nas redes sociais ampliou a visibilidade de nossa marca. Realizamos lives com especialistas, ex-alunos e professores, transformando esses espaços em pontos de debate e aprendizado contínuo.

O que antes era uma comunicação puramente institucional se transformou em uma troca constante de ideias. A conexão 24 horas por dia proporcionou uma dinâmica mais interativa, em que a comunidade se fortaleceu e cresceu, criando um ciclo contínuo de conhecimento e experiências.

CAPÍTULO 10

Quando respostas tradicionais não são suficientes

> **Entre o estímulo e a resposta, há um espaço. Nesse espaço está nosso poder de escolher nossa resposta. Em nossa resposta está nosso crescimento e nossa liberdade.**
>
> *Viktor Frankl*[66]

Uma crise pode revelar quem somos, quais são nossos recursos, nossas deficiências e nossa capacidade de crescimento. A crise sanitária de covid-19 implodiu a normalidade educacional, criando, como Hannah Arendt descreveu, uma "lacuna entre o passado e o futuro".[67] Esse espaço, que aparece em momentos de ruptura histórica, nos desafia a repensar nossas instituições essenciais. Arendt nos alerta sobre

66 FRANKL, V. **Em busca de sentido**: um psicólogo no campo de concentração. São Paulo: Editora Vozes, 1991.

67 ARRENT, H. **Entre o passado e o futuro**: ensaios sobre a filosofia política. São Paulo: Perspectiva, 1999.

a necessidade de encontrar nossa posição em tempos de crise, quando as respostas tradicionais já não são suficientes para os novos desafios. Assim como no pós-Segunda Guerra Mundial, quando Arendt escreveu *Entre o passado e o futuro*, a emergência de saúde pública nos colocou diante da tarefa de reimaginar a educação, adaptando-a a um mundo em transformação.

O Grupo Ser Educacional se mostrou altamente adaptável durante a crise, aproveitando a infraestrutura digital já existente. Em um cenário no qual muitas instituições educacionais enfrentaram dificuldades na transição para o ensino remoto, o Grupo foi capaz de expandir as plataformas digitais, atendendo à crescente demanda com agilidade.

Zygmunt Bauman alerta:

> No mundo volátil da modernidade líquida, onde quase nenhuma estrutura mantém sua forma por tempo suficiente para garantir confiança e se cristalizar em uma responsabilidade de longo prazo, andar é melhor que ficar sentado, correr é melhor que andar, e surfar é melhor que correr.[68]

Foi o que fizemos. Diante da incerteza global, tivemos de nos adaptar rapidamente às novas exigências. As instituições educacionais, mais do que nunca, tiveram de investir em tecnologia, assim como na agilidade e na empatia para garantir que o ensino continuasse acessível e eficaz.

---

[68] BAUMAN, Z. **Vida líquida**. Rio de Janeiro: Zahar, 2007.

O Grupo Ser Educacional, ao integrar a tecnologia de maneira sensível ao contexto pedagógico, exemplifica essa adaptação: a educação precisou se transformar, mas sem perder o foco na experiência humana do aluno. O Relatório de Tendências Globais em Educação 2021, da HolonIQ, destacou que a pandemia acelerou a transformação digital na educação, com aumento de 30% nos investimentos em tecnologia educacional globalmente.

MENU g1 CIÊNCIA E SAÚDE BUSCAR

Ministério da Saúde confirma primeiro caso de coronavírus no Brasil

Homem de 61 anos, que mora em São Paulo, fez viagem para a Itália entre 9 e 21 de fevereiro. Dois testes deram positivo para infecção. Família está em observação.

Por Elida Oliveira e Brenda Ortiz, G1 e G1 DF
26/02/2020 11h32 · Atualizado há 4 anos

Ministério da Saúde confirma primeiro caso do novo coronavírus no Brasil

Reportagem do G1. Fonte: reprodução.

Evento acadêmico na época da pandemia de covid-19. Fonte: divulgação.

O impacto da pandemia na educação superior

O setor educacional foi um dos mais atingidos pela pandemia. As instituições de ensino superior brasileiras se viram diante da necessidade de migrar rapidamente para o ensino a distância.

O impacto inicial foi de incerteza, tanto para as instituições quanto para os alunos, que começaram a viver uma nova realidade. O ensino a distância, antes uma alternativa complementar, passou a ser a única opção viável para dar continuidade ao aprendizado de milhões de estudantes.

Para o Grupo Ser Educacional, que já havia investido em plataformas digitais nos anos anteriores, a pandemia trouxe a necessidade de expandir ainda mais esses esforços. Desde o início da crise, a prioridade foi garantir que todos os nossos alunos tivessem acesso às aulas e aos recursos pedagógicos de maneira contínua e sem prejuízos. Isso significou mobilizar recursos, capacitar professores e investir ainda mais em tecnologias que possibilitassem um ensino on-line de alta qualidade.

Em pouco tempo, conseguimos adaptar toda a estrutura do grupo para o ambiente digital. Isso envolveu a migração de milhares de cursos e disciplinas para plataformas virtuais, oferecendo aos alunos videoaulas aliadas a recursos como fóruns de discussão, materiais de leitura e atividades avaliativas totalmente on-line.

Sabíamos que a experiência dos alunos e dos professores seria desafiadora, principalmente para aqueles que não estavam acostumados com o ensino remoto. Por isso, desenvolvemos uma série de iniciativas para apoiá-los durante a transição.

Salas de aula da Uninassau e UNAMA vazias durante a pandemia. Fonte: divulgação.

Antes de 2020, o Grupo Ser Educacional já tinha plataformas de Educação a Distância (EaD), facilitando o acesso ao ensino digital. Contudo, a crise da covid-19 exigiu uma rápida adaptação. Em poucas semanas, todos os cursos presenciais foram convertidos para o ambiente on-line, com a equipe de TI trabalhando intensamente para garantir que as plataformas suportassem o aumento repentino da demanda.

Além disso, ações concretas foram implementadas para apoiar estudantes em situação de vulnerabilidade. Muitos alunos, especialmente de classes econômicas mais baixas, enfrentavam dificuldades de acesso à tecnologia, como computadores e internet de qualidade. Para suprir essa lacuna, disponibilizamos equipamentos e intensificamos o suporte técnico, assegurando que ninguém fosse prejudicado.

Reconhecendo as dificuldades financeiras trazidas pela crise, o Grupo Ser introduziu um programa de flexibilização, com descontos e condições especiais para aqueles que precisavam de suporte. A adaptação também incluiu o uso de videoconferências, com ferramentas como o Zoom, que se tornaram essenciais para a interação docente-aluno.

Investimentos significativos foram feitos na capacitação dos professores, com treinamentos focados no uso de ferramentas de ensino remoto e na criação de estratégias eficazes de engajamento digital, garantindo a qualidade do ensino mesmo em tempos desafiadores.

A crise sanitária global impôs desafios inéditos, mas também acelerou transformações que redefiniram o cenário educacional.

No Grupo Ser Educacional, esse período de adaptação foi encarado como uma oportunidade para inovar e expandir nossa atuação, desenvolvendo novos produtos e serviços alinhados às demandas emergentes do mercado. Um dos avanços mais significativos foi a criação de cursos voltados ao desenvolvimento de habilidades digitais.

Com a expansão do home office e o crescimento da economia digital, tornou-se evidente a necessidade de profissionais qualificados em áreas como programação, marketing digital e análise de dados. Em resposta a essa demanda, estruturamos programas específicos, preparando nossos alunos para as novas exigências do mercado de trabalho e para um cenário profissional cada vez mais dinâmico.

Além das mudanças acadêmicas, reconhecemos os impactos emocionais causados pelo isolamento social e pelas incertezas do período. Para apoiar alunos e colaboradores, implementamos canais de atendimento psicológico remoto e gratuito, garantindo suporte emocional e promovendo o bem-estar de nossa comunidade acadêmica. Essa iniciativa foi fundamental para fortalecer a resiliência coletiva e possibilitar que todos atravessassem esse momento desafiador da melhor maneira possível.

"Ostra feliz não faz pérola"

O psicanalista Rubem Alves, na obra *Ostra feliz não faz pérola*, propõe uma metáfora poderosa sobre a relação com a dor: assim como a ostra transforma um grão de areia irritante em pérola, nós também temos o poder de transformar nossos sofrimentos em algo precioso.

> Pois havia num fundo de mar uma colônia de ostras, muitas ostras. Eram ostras felizes. [...] Com uma exceção: de uma ostra solitária que fazia um solo solitário. [...] As ostras felizes se riam dela e diziam: "Ela não sai da sua depressão...". Não era depressão. Era dor. Pois um grão de areia havia entrado dentro de sua carne e doía, doía, doía. E ela não tinha jeito de se livrar dele, do grão de areia. Mas era possível livrar-se da dor. O seu corpo sabia que, para se livrar da dor que o grão de areia lhe provocava, em virtude de suas asperezas, arestas e pontas, bastava para envolvê-lo com uma substância lisa, brilhante e redonda. [...] Um dia, passou por ali um pescador com o seu barco. Lançou a rede e toda a colônia de ostras, inclusive a sofredora, foi pescada. O pescador se alegrou, levou-as para casa e sua mulher fez uma deliciosa sopa de ostras. Deliciando-se com as ostras, de repente seus dentes bateram num objeto duro que estava dentro de uma ostra. Ele o tomou nos dedos e sorriu de felicidade: era uma pérola, uma linda pérola. Apenas a ostra sofredora fizera uma pérola. Ele tomou-a e deu-a de presente para a sua esposa. Isso é verdade para as ostras. E é verdade para os seres humanos.[69]

---

[69] ALVES, R. **Ostra feliz não faz pérola**. São Paulo: Planeta, 2014.

Diante da dor inevitável, temos sempre uma escolha: podemos nos entregar à lamentação ou, como a ostra, envolver nosso sofrimento em camadas de significado até transformá-lo em algo de valor. A plataforma do Instituto Êxito é nossa "pérola". Hoje, oferece mais de mil cursos em diversas áreas, incluindo desenvolvimento pessoal, empreendedorismo, gestão, finanças e marketing. Durante a pandemia, ela foi uma pérola também para milhares de pessoas que precisaram se reinventar no mercado de trabalho. Muitas perderam o emprego ou precisaram buscar novas fontes de renda, e o acesso a cursos gratuitos de qualidade foi um modo de capacitá-las em meio à crise.

Outro ponto alto durante esse período foi o Summit Êxito de Empreendedorismo,[70] evento anual promovido pelo Instituto Êxito. Em 2020, devido às restrições de encontros presenciais, ele foi realizado totalmente on-line, contando com a participação de grandes nomes do empreendedorismo e da educação.

O Summit Êxito já alcançou mais de 50 mil espectadores em todo o Brasil. Nomes como Edgar Ueda, Luiz Trivelatto, Eduardo Shinyashiki, Pyong Lee, Andson Souza, Alison Ziguli ch, Sérgio Ferraz, Agueda Mendes, José Luiz da Silva, Angelo Vargas, Aline Salvi, Bruna Fadel, João Appolinário, João Kepler, Dilonei Aguiar, Carlos Catuípe, Marcelo Cherto, Rodrigo Abreu, Aurimar José, Sérgio Murilo, Bóris Trindade, José Moreira, Rosane Oliveira, Lilian Primo, Wagner Leandro, Franco Junior, Roberto Shinyashiki, Nayara

70 Todas as palestras podem ser vistas em: www.youtube.com/playlist?list=PLJqWpRp8lKrYgbgL8GObYjS_5EfjGOEzj.

Mota, Cristiane Costa, Bruno Wanderley Lima, Guto Aguiar, Carla Weisz, Rayff Machado, Wilian Pereira, Herbert Steinberg, Raony Falco, Athamis Falco, Paulo Ruza, Oséias Gomes, Stanley Bittar, Priscila Spadinger, Carollyne Mota, Andre Sanches, Negralinda, Celso Rodrigues, Tucco, Haroldo Nunes abordaram, por meio de palestras, painéis e workshops, temas como inovação como estratégia, inteligência artificial e preparação de dados, empreendedorismo social, intraempreendedorismo nas corporações, expansão de negócios por meio da inovação e como contar histórias de maneira impactante.

Minha Escolinha Online: iniciativa para o ensino infantil

Durante o isolamento social, muitas famílias enfrentaram o desafio de manter as crianças engajadas no aprendizado. Por isso, além de iniciativas voltadas para o público adulto, a pandemia exigiu soluções para o ensino infantil, e foi nesse contexto que lançamos o projeto Minha Escolinha Online.[71] O programa foi criado para oferecer conteúdo educacional para crianças em idade pré-escolar e ensino fundamental.

A plataforma oferece gratuitamente uma variedade de conteúdos lúdicos e educativos para crianças de 2 a 8 anos, incluindo videoaulas, atividades interativas e jogos que estimulam o

---

[71] Confira todas as atividades em: www.minhaescolinhaonline.com.br.

aprendizado de maneira divertida. Com as escolas fechadas, queríamos que as crianças tivessem acesso a um conteúdo de qualidade, adaptado às necessidades delas.

Aprendizado lúdico: Janguiê recebe as crianças na Minha Escolinha Online. Fonte: divulgação.

O papel da liderança durante a crise

Como líder, meu papel durante a pandemia foi garantir que a instituição estivesse preparada para os desafios do momento e bem-posicionada para o futuro. Participei ativamente de reuniões, fóruns e eventos, no Brasil e no exterior, discutindo as melhores práticas de gestão e inovação educacional em tempos de crise. Além disso, estive em contato constante com nossos colaboradores e alunos, utilizando redes sociais e outras plataformas para transmitir confiança e segurança a todos.

A covid-19 testou nossa resiliência, mas também serviu como um lembrete da importância de estarmos preparados para o inesperado. A prontidão com que respondemos à crise, aliada à inovação e ao cuidado com nossa comunidade, foi fundamental para superar esse período desafiador. Ao olhar para o futuro, sei que as lições aprendidas durante a pandemia continuarão a nos guiar.

Ao refletir sobre esse período, percebo que a pandemia, apesar da devastação que gerou, trouxe lições valiosas. A educação nunca mais será a mesma, e a tecnologia será uma aliada indispensável no ensino.

CAPÍTULO 11

Apostando alto na mansão do Morumbi

> Se você pensa que pode, ou que não pode, você está certo.
>
> *Henry Ford*[72]

Quando ouvi falar do leilão da mansão que pertencia ao ex-banqueiro Edemar Cid Ferreira, no bairro do Morumbi, na Zona Sul da capital paulista, confesso que o imóvel chamou minha atenção não apenas pela grandiosidade ou pelo valor histórico que carrega, mas pelo simbolismo que representa. Sendo uma das maiores mansões da cidade, com 8 mil metros quadrados, a história dela vai muito além da arquitetura imponente e da localização privilegiada.

---

[72] FORD, H. **My Life and Work**. Garden City: Doubleday, 1922.

Projetada pelo renomado arquiteto Ruy Ohtake e com projeto paisagístico de Burle Marx, a mansão foi erguida em um período de extrema opulência, quando o país atravessava um "boom" econômico. Para se ter uma noção da magnitude, a parede da sala de jantar é revestida em ouro, onde havia uma imponente mesa de 24 lugares, feita de mogno no século XIX, na Inglaterra, avaliada em mais de 100 mil reais.

Sem dúvida, um verdadeiro monumento ao poder financeiro, mas também uma testemunha de uma queda abrupta, fruto de uma administração financeira arriscada. Minha ideia era transformar o espaço, que havia testemunhado o auge e a decadência, em algo completamente novo e inovador, e isso me fascinava.

A decisão de arrematar a mansão foi meticulosamente planejada. Não se tratava de um impulso, e sim de uma estratégia clara. Eu e minha equipe analisamos, de modo minucioso, todas as possibilidades que aquele imóvel oferecia. Nosso foco sempre esteve em identificar propriedades que, apesar dos ônus envolvidos – e sempre há ônus –, trouxessem oportunidades de reestruturação e valorização.

Adquirida anteriormente por 140 milhões de reais, a mansão passaria pelo quarto leilão, o que representava uma oportunidade única. O imóvel – que tinha valor de mercado superior a 75 milhões de reais – estava sendo leiloado por um preço significativamente menor: 10 milhões de reais. Mas, como em todo leilão, sabíamos que os custos iriam além do valor da compra em si.

Temos uma metodologia muito rigorosa quando participamos de leilões. Sempre analisamos com atenção tanto os bônus quanto os ônus de cada imóvel. Por exemplo, uma das primeiras perguntas que nos fizemos foi: por que a propriedade está sendo leiloada?

Muitas vezes, imóveis vão a leilão por dívidas com o banco, com impostos ou até mesmo por problemas judiciais mais complexos, como ações criminais. No caso da mansão, a causa era clara: pertencia a um grupo financeiro que havia falido, o que significava que os bens estavam sendo vendidos para pagar credores. Isso por si só já indicava que a mansão vinha sem pendências fiscais ou tributárias, mas não significava que não haveria desafios pela frente.

O processo do leilão em si foi uma verdadeira batalha mental. Participar de um leilão on-line tem peculiaridades. Não há a mesma energia dos eventos presenciais, em que você consegue sentir a pressão de quem está ao redor, medir o olhar dos concorrentes, perceber a hesitação ou a determinação no comportamento de outros investidores.

No ambiente virtual, a única coisa que você tem é o tempo, e ele joga contra você. A cada novo lance, um cronômetro se inicia, e a tensão cresce conforme os minutos passam. No leilão presencial, você consegue ver quem está fazendo as ofertas, o que gera uma atmosfera mais competitiva. No leilão on-line, porém, o jogo psicológico é diferente: você não vê o rosto de seu concorrente, mas sente a presença dele a cada lance.

Naquele dia, quando o valor já havia superado os 20 milhões de reais, considerei por um breve momento a possibilidade de desistir. O outro concorrente estava determinado, e os valores subiam rapidamente. No entanto, a missão que eu tinha para o futuro daquele imóvel me impedia de recuar: montar uma escola de alto padrão na cidade de São Paulo. Eu sabia que aquele espaço tinha potencial para algo muito maior do que o simples valor monetário envolvido e poderia comportar uma escola para cerca de mil alunos.

Fizemos um lance final de 27,5 milhões de reais e, por uma fração de segundo, conseguimos arrematar a mansão. Para muitos, esse foi apenas um número, uma transação financeira. Para mim, no entanto, era muito mais do que isso. Arrematar aquele imóvel significava uma oportunidade de criar algo transformador.

Meu propósito para a mansão estava bem definido desde o início: transformá-la em uma escola de ensino básico de alto padrão. Para mim, era evidente que aquele imóvel grandioso deveria ser um espaço dedicado ao conhecimento, algo que realmente pudesse impactar as próximas gerações de maneira duradoura.

Imaginei cada detalhe da futura escola: um ambiente inovador, no qual o foco não seria apenas preparar os jovens para o mercado de trabalho, mas ensiná-los a pensar de maneira crítica, criar soluções e empreender. Sempre acreditei que o espírito empreendedor pode ser despertado desde cedo.

Assim como se ensina Matemática, Português e História, devemos ensinar as crianças, em primeiro lugar, a acreditarem nelas mesmas e, depois, a entenderem o mundo dos negócios, gerenciar finanças e desenvolver ideias criativas. Essa era a concepção que eu tinha para o imóvel: uma escola que se tornaria um marco na formação de jovens empreendedores.

As reformas necessárias para adequar a mansão ao projeto educacional foram cuidadosamente planejadas. Cada espaço daquela casa imensa tinha um propósito: salas de aula, laboratórios, áreas de convivência. Tudo foi pensado para proporcionar uma experiência de aprendizado diferente, uma educação que transcendesse as paredes de uma sala de aula tradicional.

Eu vislumbrava ali um centro de excelência, um lugar onde os estudantes teriam contato com o conhecimento teórico tanto quanto com a prática. Workshops, palestras, eventos com empresários e líderes do mercado, o espaço deveria ser versátil e capaz de oferecer experiências que moldassem a mente dos jovens para o futuro.

No entanto, no meio do caminho, fomos surpreendidos por um obstáculo inesperado. O bairro onde a mansão está localizada é extremamente conservador, e os moradores se opuseram à criação de uma escola na região. Foi um choque receber a notícia de que havia um abaixo-assinado dos vizinhos contra nosso projeto – sem dúvida, um dos momentos mais frustrantes de toda essa jornada.

Argumentaram que o barulho de uma escola seria incômodo e que o trânsito na área se tornaria insuportável. Fiquei incrédulo. Como um bairro poderia se opor a uma instituição de ensino, ainda mais quando se tratava de um projeto voltado para a formação de jovens? A educação é o que transforma o mundo.

Acredito piamente que a educação é a base da transformação de qualquer sociedade. Ela muda vidas, oferece novas perspectivas, abre portas que antes pareciam trancadas. E o mais impressionante é que muitas das pessoas que não queriam uma escola naquele bairro haviam sido beneficiadas por uma boa educação.

Isso me fez refletir sobre como, às vezes, as pessoas se esquecem do impacto positivo que a educação teve na própria vida. Enfim, tivemos de aceitar que, naquele momento, a escola não seria possível.

Se a escola não poderia ser construída, decidimos explorar novas possibilidades. A mansão, mesmo sem a escola, continuava sendo um ativo valioso. Começamos a pensar em outras alternativas para a utilização daquele espaço. Uma das ideias que surgiram foi a criação de um condomínio de luxo, algo que estivesse alinhado com a natureza do bairro. O projeto ainda está em fase de estudo, mas temos plena confiança de que será um sucesso quando for implementado.

Refletindo sobre todo o processo, percebo que essa experiência me ensinou lições valiosas. Não importa o quanto você planeje, sempre existirão variáveis fora de seu controle. O que realmente importa é como você reage a essas adversidades. Como diria o filósofo francês Jean-Paul Sartre: "Não importa o que a vida fez de você, mas o que você faz com o que a vida fez de você".[73]

Mesmo quando a escola não foi permitida, não desistimos. Continuamos buscando soluções e transformamos aquele obstáculo em uma oportunidade de crescimento. No fim das contas, o que realmente importa é a capacidade de adaptação e a persistência diante dos desafios.

---

73 Frase comumente atribuída ao filósofo, escritor e crítico francês Jean-Paul Sartre (1905-1980).

Aquela mansão, que um dia foi símbolo de poder e ostentação, será, em breve, símbolo de algo muito maior. Seja como escola, seja como condomínio de luxo, representará a capacidade de transformação. E isto, para mim, é o que realmente importa: o impacto positivo que podemos deixar no mundo.

Cada passo que dei nesse processo reforçou minha convicção de que o futuro pertence àqueles que estão dispostos a criar oportunidades para os outros. Espero que todos que passarem por aquelas portas também encontrem ali um lugar onde possam crescer, aprender e se desenvolver.

MENU g1 SÃO PAULO BUSCAR

Mansão do ex-banqueiro Edemar Cid Ferreira é arrematada por R$ 27,5 milhões

Lance mínimo era de R$ 10 milhões, mas imóvel está avaliado em R$ 78 milhões. Mansão entrou como massa falida do Banco Santos S/A.

Por G1 SP e TV Globo — São Paulo
18/02/2020 16h15 · Atualizado há 5 anos

G1. Fonte: reprodução.

Forbes

Janguiê Diniz arremata mansão de ex-banqueiro Edemar Cid Ferreira

Propriedade de ex-banqueiro foi comprada por R$ 27,5 milhões para construir uma escola de ensino básico

Divulgação
Bilionário é fundador do grupo Ser Educacional, um dos maiores grupos de Ensino Superior privado do país

O bilionário **Janguiê Diniz**, nome conhecido no setor brasileiro de ensino superior, deu o start na realização de um novo sonho: a instalação de uma **escola** de **alto padrão** na cidade de São Paulo. O projeto é direcionado ao ensino básico (do infantil ao médio) com uma proposta pedagógica disruptiva.

Forbes. Fonte: reprodução.

Mansão de Edemar Cid Ferreira, do Banco Santos, é arrematada por R$ 27,5 milhões

UOL. Fonte: reprodução.

Empreendedor Janguiê Diniz arremata mansão de ex-banqueiro por 27 milhões para construir escola de ensino básico

Administradores. Fonte: reprodução.

Buscar

Valor | Finanças

MERCADOS AO VIVO | NOVO CONSIGNADO PRIVADO | SUSEP MULTA EY NO CASO IRB | IMPOSTO DE RENDA 2025

Mansão de Cid Ferreira é arrematada por R$ 27,5 milhões

A última avaliação pericial havia apontado um valor de R$ 78 milhões para o imóvel

Por Valor, Valor — São Paulo

Valor Econômico. Fonte: reprodução.

Mansão de Edemar Cid Ferreira, ex-dono do Banco Santos, é arrematada por R$ 27,5 milhões

Jovem Pan. Fonte: reprodução.

Mansão arrematada por 27,5 milhões de reais. Fonte: divulgação.

CAPÍTULO 12

A arte de ensinar e mentorar

Diga-me e eu esquecerei, ensine-me e eu lembrarei, envolva-me e eu aprenderei.

Benjamin Franklin[74]

Ao longo dos anos, vi crescer em mim um desejo cada vez mais forte de compartilhar aquilo que aprend com a experiência e de ajudar outras pessoas a também mudarem as próprias histórias. Peter Drucker, considerado "o pai da administração moderna" e um dos pensadores mais influentes do século XX sobre gestão e liderança, enfatizava que "a melhor maneira de predizer o futuro é criá-lo".[75] Foi dessa visão que

[74] Frase comumente atribuída a Benjamin Franklin (1706-1790), um dos fundadores dos Estados Unidos da América.

[75] Frase comumente atribuída ao escritor, professor e consultor administrativo Peter Drucker (1909-2005), considerado "pai da administração" ou gestão moderna.

nasceu meu compromisso com a mentoria, uma prática que me permite transmitir conhecimentos, lições e experiências, aconselhar e inspirar empreendedores a não apenas sonharem com um futuro melhor, mas também a construí-lo com determinação, disciplina e obstinação.

A vontade de ensinar não surgiu de maneira repentina. Ao longo de minha carreira, fui acumulando experiências, tanto no setor educacional quanto no mundo dos negócios, que me permitiram ver o quanto o conhecimento aplicado com estratégia e perseverança pode gerar resultados extraordinários.

Percebi que, mais do que gerir uma empresa ou dar aulas em uma sala tradicional, eu poderia fazer muito mais ao atuar como mentor, ajudando pessoas a descobrirem e explorarem todo o potencial que têm. Esse desejo ganhou ainda mais força conforme eu consolidava meu papel como empreendedor e líder no Brasil. A cada novo passo que eu dava, ficava claro que havia muitos empreendedores, jovens e até mesmo profissionais já estabelecidos que estavam buscando alguém que os orientasse.

O economista e empreendedor social Muhammad Yunus, vencedor do Prêmio Nobel da Paz, sempre defendeu que o empreendedorismo tem um papel fundamental na transformação social e na erradicação da pobreza, pois oferece às pessoas a oportunidade de criar soluções para os próprios desafios.

Ele é conhecido por fundar o Grameen Bank, uma instituição de microcrédito que permite que indivíduos, especialmente mulheres em situações de vulnerabilidade, tenham acesso a pequenos empréstimos para iniciar ou expandir os próprios negócios. Essa abordagem revolucionária do microcrédito mostrou ao mundo como o empreendedorismo social pode gerar um impacto significativo, proporcionando autonomia e dignidade para aqueles que, de outra maneira, estariam excluídos do sistema financeiro tradicional. Para Yunus, o empreendedorismo é uma ferramenta de geração de riqueza usada para promover a igualdade e dar às pessoas a oportunidade de transformar a vida de maneira sustentável.

Inspirado por essa visão, compreendi que o conhecimento, quando compartilhado, pode ser um instrumento poderoso para a ascensão social e profissional. Como fundador do Grupo Ser Educacional e de várias outras empresas, eu sabia que poderia ajudar a criar um caminho de sucesso para aqueles que, assim como eu, acreditavam no poder da educação, do trabalho com propósito e do empreendedorismo. Afinal, como Yunus enfatiza, "o talento humano está espalhado por toda parte, mas as oportunidades não", e cabe a nós, mentores e líderes, ajudar a construir essas oportunidades para que mais pessoas possam prosperar.[76]

As redes sociais como canal de mentoria

Com o tempo, percebi que as redes sociais poderiam ser um excelente canal para compartilhar meu conhecimento e me

[76] Frase comumente atribuída ao economista bengali e vencedor do Prêmio Nobel da Paz Muhammad Yunus (1940-).

conectar com aqueles que estavam à procura de orientação. Plataformas como Instagram, Peixe 30, LinkedIn e YouTube se mostraram ferramentas poderosas para amplificar minha voz e alcançar um público ainda maior.

O uso desses canais para fins educacionais tem crescido, especialmente entre os jovens, que os enxergam como um complemento ao aprendizado formal. De acordo com pesquisas recentes, 70% das crianças e dos adolescentes entre 9 e 17 anos acessam redes sociais diariamente, sendo o YouTube, o WhatsApp, o Instagram e o TikTok as mais populares. Além disso, estudos indicam que, à medida que os alunos crescem, o número de conexões e interações nessas redes aumenta significativamente, refletindo um engajamento cada vez maior com conteúdos digitais.[77-78]

Diante desse cenário, vejo uma grande oportunidade de transformar esse acesso massivo em um hábito de aprendizado contínuo. As redes sociais me deram a chance de atuar como mentor de maneira acessível, impactando milhares de pessoas com conteúdos relevantes sobre educação, desenvolvimento

---

77 COSTA, A. G. 70% das crianças e adolescentes acessam redes sociais diariamente no Brasil, diz estudo. **Terra**, 23 out. 2014. Disponível em: https://www.terra.com.br/byte/ciencia/70-das-criancas-e-adolescentes-acessam-redes-sociais-diariamente-no-brasil-diz-estudo%2C6ac0cd9c561c5ba20e8f9631a620673ei46pxjkg.html Acesso em: 5 fev. 2025.

78 ROSADO, L. A. da S.; TOMÉ, V. M. N. As redes sociais na internet e suas apropriações por jovens brasileiros e portugueses em idade escolar. **Revista Brasileira de Estudos Pedagógicos**, v. 96, n. 242, jan.-abr., 2015. Disponível em: https://www.scielo.br/j/rbeped/a/Sptq7rTsYB9QyqYXyzTjVts. Acesso em: 4 abr. 2025.

pessoal, liderança, gestão de negócios, governança, empreendedorismo e muito mais.

No YouTube, lancei uma série de vídeos voltados para o desenvolvimento de empreendedores, nos quais compartilho minhas próprias experiências e abordo temas fundamentais para quem quer crescer no mundo dos negócios. Por meio dessa plataforma, consegui criar um espaço de aprendizado dinâmico e acessível, permitindo que pessoas do Brasil e de outros países pudessem aprender diretamente comigo. Os vídeos cobrem desde temas mais técnicos, como estratégias de marketing, vendas, governança corporativa, gestão financeira e escalabilidade empresarial, até assuntos mais subjetivos, como a importância da mentalidade vencedora e da resiliência no caminho do sucesso.

A internet já faz parte da rotina diária da maioria das pessoas, e acredito que podemos usar essa familiaridade com as redes para incentivar cada vez mais o consumo de conteúdos educativos e transformadores. O conhecimento está acessível como nunca antes – basta saber usá-lo a nosso favor.

Além dos vídeos no YouTube, uso frequentemente o Instagram e o LinkedIn para oferecer conselhos e dicas práticas para empreendedores. Faço questão de responder a perguntas, interagir com os seguidores e proporcionar um espaço de troca constante. Para mim, a mentoria não é apenas para transmitir conhecimentos, mas também estar presente e disponível para ajudar os empreendedores a enfrentarem os desafios que surgem ao longo da jornada empresarial. As redes sociais foram, e continuam sendo, fundamentais nesse processo.

Movimento Obstinados: o poder da resiliência

O Movimento Obstinados é um dos projetos que melhor traduzem minha filosofia de vida e de mentoria. Mais do que uma iniciativa social, trata-se de uma comunidade formada por pessoas que compartilham os mesmos valores e estão dispostas a lutar incansavelmente pelos próprios sonhos. O objetivo é inspirar e capacitar indivíduos a perseguirem propósitos com dedicação, resiliência, foco e disciplina.

O que significa ser obstinado? Resumo como sendo alguém ousado, corajoso e determinado, que transforma sonhos em projetos de vida e se entrega a eles com compromisso e perseverança. Ele não espera as circunstâncias ideais nem terceiriza a história, e sim assume o papel de protagonista, encarando desafios com mentalidade positiva e inabalável. Cada conquista é apenas um novo ponto de partida – sonha, realiza e recomeça, sem jamais estagnar.

Decidir viver pela obstinação significa viver em ritmo constante de aceleração, em harmonia com as diversas formas de riqueza, sempre em rota ascendente de sucesso e prosperidade.

Os obstinados não apenas agem; eles realizam. Movidos pela determinação inabalável, não recuam diante dos desafios, pois sabem que o sucesso não depende do acaso, e sim da persistência – para eles, a questão não é se vai dar certo, e sim fazer até dar certo.

Eles sabem que, por meio da educação e da busca incessante por conhecimento, aliadas à resiliência, ao trabalho íntegro e ao empreendedorismo, podem conquistar tudo, independentemente do statu quo atual. Para Yunus, por exemplo, a mudança começa quando as pessoas acessam o poder do aprendizado, superando barreiras e construindo um caminho de oportunidades. O maior inimigo do obstinado é, como diria Goethe, a ignorância, "a mãe de todos os males", e "não há nada mais assustador do que a ignorância em ação".[79]

Para os obstinados, a ignorância é a principal barreira que impede o progresso, e o conhecimento é a arma para vencê-la. Eles sabem que, por meio da educação, conseguem ampliar perspectivas, o que permite transformar sonhos em projetos de vida reais e concretos. Não importa onde iniciaram a jornada; os obstinados sempre encontram maneiras de chegar aonde desejam.

A história está repleta de exemplos assim. Soichiro Honda, o fundador da Honda Motor Co., é um deles. Nascido em 1906, em uma pequena aldeia no Japão, Honda começou com dificuldades financeiras. Desde jovem, demonstrou grande interesse por mecânica e engenharia, o que o levou a abrir a própria oficina de reparos de bicicletas e, mais tarde, de carros.

No início, ele enfrentou inúmeras adversidades. A primeira grande tentativa de empreender, ao tentar vender anéis de pistão para a Toyota, foi rejeitada por meses. A persistência dele, porém,

---

[79] GOETHE, J. W. **Máximas e reflexões**: obras escolhidas de Goethe. Relógio D'Água, 1990.

foi mais forte que os obstáculos, e ele finalmente conseguiu o objetivo que traçou.

Durante a Segunda Guerra Mundial, a fábrica de Honda foi bombardeada e destruída, e ele perdeu tudo o que havia conquistado até aquele momento. Em vez de desistir, Soichiro começou do zero, reconstruindo a empresa com foco em motos, que se tornaram a base do sucesso da Honda. Ele transformou uma necessidade de mobilidade para a população em uma oportunidade, criando um modelo de motocicleta acessível e prático. Em 1959, a Honda chegou aos Estados Unidos, e logo as motos da marca se tornaram populares. Em 1963, a empresa passou a fabricar carros, e a Honda se tornou um ícone global da indústria automotiva.

Outro exemplo inspirador é Stephen King, hoje um dos escritores mais reconhecidos mundialmente. Ele começou a carreira escrevendo e enviando manuscritos para editoras. Foi rejeitado diversas vezes, e as cartas de recusa se acumularam. O romance *Carrie*, que mais tarde se tornou o primeiro grande sucesso dele, foi rejeitado por mais de trinta editoras. King ficou tão desanimado com as recusas que chegou a jogar o manuscrito no lixo. Foi a esposa dele, Tabitha, que o incentivou a resgatar a obra e tentar novamente.

Finalmente, *Carrie* foi aceito pela editora Doubleday e publicado em 1974. O livro se tornou um best-seller e foi adaptado para o cinema em 1976, o que ajudou a lançar a carreira de King. Hoje, Stephen King é autor de mais de sessenta livros publicados e considerado um dos maiores escritores de ficção de todos os tempos.

Não importam os desafios, os obstáculos ou as pedras que surgem pelo caminho – os obstinados não se deixam abater. Ao contrário, aplicam a resiliência e o aprendizado para superar cada adversidade, seguindo firmemente em direção ao objetivo, com a certeza de que o caminho da persistência sempre leva ao sucesso.

Todo obstinado, apesar de ser altamente grato, é altamente otimista e um inconformado "patológico". Ele entende que os sonhos são mapas para o sucesso e coloca toda a força e a energia em ação para converter ideias incríveis em planos e estratégias concretas que permitam alcançar os objetivos.

Dizem que o contrário da vida não é a morte, e sim a lamentação. Por isso, os obstinados não se vitimizam, não se dizem "miseráveis", "coitadinhos" ou "sem sorte", pois nunca reclamam da vida. Da mesma maneira, também nunca vivem na "caixa", no "piloto automático", no lugar comum, na mesmice e na zona de conforto. Jamais pisam nos outros para poder subir na vida.

Um obstinado não deixa ninguém para trás. Ele se motiva e se inspira, inspirando e motivando a família, os amigos e as pessoas no entorno.

Os obstinados pensam por conta própria e não aceitam o impossível. Jean Cocteau dizia: "Não sabendo que era impossível, ele foi lá e fez".[80] O impossível é perfeitamente possível, pois é feito de várias partes possíveis, quando se age com determinação, dedicação, compromisso e planejamento necessários. Eles sempre querem e se esforçam mais do que os outros. Fazem

80 Frase comumente atribuída ao poeta, romancista e cineasta francês Jean Cocteau (1889-1963).

mais do que o necessário para cumprir as tarefas e materializar ideais e propósitos de vida.

O obstinado é uma pessoa com uma imensa potência interna, capaz de revolucionar a realidade. Ele ama e respeita a vida, por isso busca viver intensamente, entregando sempre o melhor. Obstinação é um estado de espírito, um estilo de vida em que o único resultado aceitável é ser um triunfador, um vencedor, seja na vida, seja nos negócios.

MOVI-8

É fácil reconhecer um obstinado em qualquer lugar do mundo: ele é ousado, corajoso, arrojado, atrevido, destemido, otimista, positivo, motivador, tem autoconfiança e autoestima altíssimas, inspira confiança e é altamente criativo e inovador.

Arnold Schwarzenegger é um bom exemplo de obstinação. Nascido em uma pequena cidade da Áustria, ele sonhava em conquistar o mundo. Aos 15 anos, iniciou a jornada no fisiculturismo e, mesmo ouvindo que nunca chegaria longe, tornou-se o maior campeão da época. Quando decidiu ingressar no cinema, enfrentou críticas sobre o sotaque carregado, o nome difícil de pronunciar e o físico incomum para os padrões de Hollywood. Ainda assim, persistiu, treinou, aperfeiçoou a atuação e se tornou uma das maiores estrelas do cinema de ação. Mais tarde, sem experiência política, lançou-se na carreira pública e foi eleito governador da Califórnia, um dos estados mais influentes dos Estados

Unidos. Essa trajetória é a prova de que determinação, adaptação e visão de futuro podem transformar qualquer obstáculo em um trampolim para o sucesso. No documentário sobre a própria vida, ele diz: "Ao chegar ao topo da montanha, você percebe que há outra montanha para escalar". É ou não é um obstinado?

O obstinado é sempre chamado de "fodido obstinado" – com "o". Jamais "fudido" – com "u", vitimizado. Ou seja, é um guerreiro, pois o obstinado é aquele que sonha, transforma o sonho em um projeto de vida e sempre consegue transformá-lo em realidade.

Ao longo de minha jornada como empreendedor, constatei que existem dois tipos de pessoas: 1) os letárgicos e inertes; e 2) os proativos, imparáveis e obstinados. Os letárgicos e inertes têm uma mentalidade fixa e limitada, marcada pela escassez. Eles acreditam que as capacidades e habilidades que têm são imutáveis e não podem ser ampliadas. Carregam consigo crenças limitantes e padrões negativos que os impedem de transformar sonhos em realidade. Esses indivíduos, muitas vezes, se veem condenados ao insucesso, à "improsperidade" e à pobreza financeira.

Por outro lado, os proativos e obstinados têm uma mentalidade ilimitada, voltada para o crescimento e a riqueza. Eles acreditam plenamente que as habilidades que têm podem ser desenvolvidas por meio do autoconhecimento, do conhecimento externo e da educação contínua. A convicção de que podem evoluir, crescer, prosperar e conquistar riquezas – incluindo a financeira – os impulsiona, independentemente das circunstâncias ou da realidade em que vivem. Essas pessoas conseguem, de fato, crescer, ter sucesso, prosperar e conquistar riquezas.

Com o objetivo de promover e estimular a proatividade e a obstinação do segundo grupo de pessoas, criei o Movimento Obstinados (MOVI-8), uma filosofia revolucionária focada no desenvolvimento das oito riquezas da vida: saúde, família, espiritualidade, conhecimento, networking, propósito, reputação e financeira.

Esse movimento visa transformar vidas e gerar sinergias entre pessoas que buscam crescer, alcançar o sucesso e expandir riquezas, especialmente a financeira, por meio do conhecimento e da aplicação das doze chaves mestras do Código Secreto da Riqueza. Essas chaves, que utilizei ao longo de minha vida, são detalhadas em meu 27º livro, *O código secreto da riqueza: 12 chaves que lhe trarão sucesso, prosperidade e riqueza financeira* (2021).

No MOVI-8, debatemos temas como habilidades socioemocionais e técnicas, tais como autoconhecimento, desenvolvimento pessoal e profissional, educação, carreiras, negócios, liderança, gestão, inovação, vendas, marketing digital, investimentos, captação de recursos, mercados, IPO, Deus, criação e ampliação de riquezas; enfim, empreendedorismo na vida e nos negócios, com muita espiritualidade para inspirar e impulsionar vidas e acelerar os negócios dos obstinados.

No MOVI-8, contamos com um time de especialistas, personalidades, empreendedores e convidados que se unem ao movimento para trocar ideias, compartilhar experiências, orientar, mentorar e fomentar networking. Isso transforma o movimento em uma mentoria poderosa, voltada para aqueles que desejam se inspirar, se desenvolver, crescer, alcançar sucesso, prosperidade e criar, adquirir e expandir riquezas.

O movimento surgiu da percepção de que muitos empreendedores enfrentam desafios semelhantes, mas carecem de recursos e redes de apoio para superá-los. Com o objetivo de reunir pessoas determinadas a aprender e evoluir, criei um espaço em que conhecimentos são compartilhados e todos crescem juntos. Assim, o MOVI-8 se consolidou como uma comunidade focada no desenvolvimento pessoal e profissional, impulsionando o espírito empreendedor no Brasil.

No início, organizei palestras e workshops para dividir minhas experiências e meus ensinamentos, percebendo a importância de também fornecer ferramentas práticas para aplicação imediata. Com o tempo, o MOVI-8 incorporou cursos, mentorias e eventos, com o intuito de fortalecer a cultura empreendedora e apoiar o crescimento sustentável dos negócios

Uma das ações mais marcantes é o programa de mentoria, que conecta empreendedores experientes com iniciantes. Essa troca de saberes tem sido essencial para o desenvolvimento dos negócios e o crescimento pessoal dos participantes, criando um ecossistema colaborativo e mais robusto.

Além disso, o Movimento Obstinados atua na promoção de debates e discussões sobre temas relevantes para o empreendedorismo no país. Organizamos fóruns e conferências que abordam desde inovação e tecnologia até políticas públicas e sustentabilidade. Nossa missão é ser um catalisador de mudanças positivas, incentivando práticas que contribuam para o desenvolvimento econômico e social do Brasil.

O movimento também utiliza as redes sociais como um canal para divulgar a mentalidade de resiliência e abundância. Com vídeos, posts e lives, compartilho minha trajetória e os ensinamentos adquiridos ao longo de décadas como empreendedor. O retorno que recebo dos participantes é extremamente positivo; muitos relatam que, ao se envolverem com o movimento, transformaram a própria mentalidade, superaram desafios, atingiram metas antes vistas como impossíveis e concretizaram sonhos.

Ao analisar nossa trajetória, vejo o quanto o Movimento Obstinados cresceu e impactou a vida de muitas pessoas. Mas sei que ainda há muito a ser feito. Continuamos dedicados a incentivar e apoiar empreendedores obstinados, fornecendo recursos e oportunidades para o crescimento empresarial deles. Afinal, acredito que a obstinação, aliada ao conhecimento e à colaboração, é a chave para transformar sonhos em realidade e construir um futuro melhor para todos.

Deixo a seguir depoimentos de duas obstinadas:

Jorgeana Moreira – empresária

Conheci Janguiê Diniz há dois anos e meio, talvez três. Desde então, acompanho o trabalho dele. Sou aluna do Pablo Marçal há três anos e já estou na quarta mentoria com ele. Foi o Pablo quem nos orientou a modelar o Janguiê Diniz. A partir dessa modelagem, me conectei com os ensinamentos e com o propósito dele, que tem como base a educação. Como educadora, admiro o fato de ele ser um dos maiores educadores do Brasil.

Em 2022, acompanhei as lives que ele fazia ao meio-dia para divulgar o Código Secreto da Riqueza. Naquele momento, coloquei no coração que um dia estaria frente a frente com ele.

Participei com obstinação, pois sempre fui obstinada, e acabei me conectando com o ser mais obstinado do país. Tive três encontros com Janguiê, e foi no terceiro que a minha chave realmente virou.

Estudo tudo que ele faz e compartilha. Cada postagem ou ensinamento traz um aprendizado que vira uma chave dentro de mim. Quando o conheci, eu estava em reconstrução. Tinha perdido o meu filho, a minha família e todos os bens materiais. Eu era como um peixe pequeno, sem visão, mas com vontade de aprender e crescer. Do terceiro encontro, em agosto, saí ainda mais obstinada. Passei pela maior crise financeira da minha vida, mas decidi que aquilo não me pararia. Resolvi montar o meu negócio e fazer acontecer.

Hoje, estou na Bahia com a minha empresa de transporte executivo, que já conta com dois carros. Além disso, atuo no setor imobiliário. Tudo isso foi possível graças aos ensinamentos do Janguiê. Acompanho cada live, entrevista e postagem dele. Aprendi a modelar e, mais importante, a transbordar o que aprendi para outras pessoas.

O Movimento Obstinados foi uma virada de chave na minha vida. Trouxe ensinamentos, conhecimento, networking e uma conexão bilionária. Hoje, me sento perto do Janguiê não apenas para admirar, mas também para absorver o máximo possível. Ele tem uma energia e um vigor impressionantes para realizar tudo o que faz. Que Deus o abençoe ainda mais, pois muitas vidas – grandes e pequenas, como a minha – precisam ser transformadas.

Se eles podem, eu também posso. Estou no caminho certo. Foi com Janguiê que aprendi a ser interessante, a falar menos e a observar mais. Aprendi que a contemplação, como fazia Salomão, é essencial para o crescimento. Não quero ser apenas uma fã. Quero ser obstinada, crescer e, no próximo encontro, subir no palco e fazer o meu pitch. Não aceito menos do que isso.

Atualmente, as pessoas na minha cidade reconhecem o meu trabalho como aluna de Janguiê e me convidam para os maiores eventos. O que Pablo Marçal diz é verdade: quando você constrói um networking de qualidade, acessa muitos lugares sem precisar pagar. Foi isso que conquistei com o Movimento Obstinados.

A minha história é de superação. Sou uma mulher baiana, nordestina, que saiu de um pequeno lugarejo chamado Pouso Alegre, onde vivem cerca de cem pessoas. Sou solteira, separada e passei pelo luto de perder um filho, que faleceu aos 19 anos. Por muito tempo, me senti amargurada e incompetente, achando que a minha vida tinha acabado. Hoje, aos 55 anos, me sinto jovem, no auge da vida e cheia de visão para empreender.

Já tenho uma farmácia e um negócio de transporte, e acredito que essa é apenas a base. Uma farmácia vira duas, três, uma rede. O meu objetivo é crescer e continuar transbordando o que aprendi com Janguiê Diniz.

Uilma Oliveira – empresária

Primeiramente, gostaria de dizer que foi um enorme privilégio conhecer o Dr. Janguiê Diniz por meio das lives matinais que ele realizava durante a pandemia. Eu estava lá, assiduamente!

De tanto participar, ele sempre citava o meu nome: "Ui ma, lá de João Alfredo, essa aqui é uma obstinada, sempre com a gente". Até que, como um divisor de águas, a minha vida começou a mudar e ganhar um novo sentido.

Fui uma das convocadas – ou, melhor, convidadas – a participar do primeiro movimento O Código Secreto da Riqueza, em São Paulo. Gratidão a Deus e ao Dr. Janguiê! Foram três dias de imersão e aprendizados que aplico até hoje. O Movimento Obstinados me fez enxergar um potencial até então adormecido, me encorajou a explorar novos nichos para a minha empresa e me levou a abrir um novo negócio em parceria com mulheres que também nasceram desse movimento.

Esse projeto tirou mulheres da depressão e da inércia, deu propósito e fôlego de vida a muitas delas, assim como aconteceu comigo. O Dr. Janguiê talvez nem tenha dimensão do impacto que causa. Em nome do Movimento de João Alfredo, agradeço de coração por cada ensinamento – cada chave – que ele nos entregou. Carregamos conosco a máxima: "Desista de desistir! Avante, obstinadas!". Obrigada por tanto, Dr. Janguiê.

O futuro da mentoria e a educação no Brasil

Uma das maiores lições que aprendi ao longo dos anos é que o processo de aprendizado nunca chega ao fim. Assim como o aprendizado, o ato de ensinar e mentorar também é um caminho contínuo. Em um país como o Brasil, o futuro da educação, especialmente no campo do empreendedorismo, está intrinsecamente ligado a nossa capacidade de oferecer mentoria e educação de qualidade. Em tempos como os atuais, mais do que nunca, precisamos de líderes inovadores, capazes de transformar tanto o cenário econômico quanto o social.

Albert Einstein dizia que "A educação é o que sobra depois que se esquece tudo o que se aprendeu na escola".[81] Como mentor, sei que o papel que desempenhamos na vida das pessoas vai muito além do campo profissional. Ajudamos a moldar o caráter, a fortalecer a confiança e a preparar o indivíduo para lidar com os desafios da vida. Por isso, estou mais comprometido do que nunca a continuar desenvolvendo minhas mentorias e meus projetos educacionais, ajudando a criar uma nova geração de empreendedores obstinados e líderes preparados para transformar o Brasil.

Acredito firmemente que, por meio da arte de ensinar, podemos construir um futuro mais próspero e mais justo para todos. Como sempre digo em minhas mentorias, o sucesso não é um acidente, e sim o resultado de trabalho árduo, disciplina e, acima de tudo, aprendizado constante. Henry Ford acreditava em algo parecido: "O segredo do sucesso é a constância do propósito".[82] E é nesse processo incessante e enriquecedor que reside o verdadeiro poder da transformação.

---

[81] EINSTEIN, A. **Ideas and Opinions**. Nova York: Crown Publishers, 1954.

[82] Frase comumente atribuída ao empresário e engenheiro mecânico estadunidense, fundador da Ford Motor Company, Henry Ford (1863-1947).

As mentorias que realizo por meio do Movimento Obstinados, do Êxito Mentoring Experience, promovidas pelo Instituto Êxito de Empreendedorismo, do Código Secreto da Riqueza (CSR), do Código Secreto da Empresa (CSE), do Million Business Network (MBN) e das redes sociais são apenas o começo. Acredito que o potencial para formar novos líderes e empreendedores no Brasil é imenso, e estou comprometido em continuar expandindo essa missão.

CAPÍTULO 13

Imersões e mentorias transformando vidas e escalando empresas: a Masterclass Mente Milionária

> Se você ouve uma voz dentro de você dizendo 'você não pode pintar', então pinte e essa voz será silenciada.
>
> *Vincent van Gogh*[83]

Para alcançar grandes realizações, é necessário pensar grande, agir com propósito e manter uma mente focada no crescimento contínuo. Foi com esse entendimento que decidi criar a Masterclass Mente Milionária, um programa dedicado a transformar a maneira como as pessoas encaram objetivos e desafios. Abordamos temas essenciais como liderança,

[83] Frase comumente atribuída ao pintor pós-impressionista neerlandês Vincent van Gogh (1853-1890).

inovação, gestão eficaz e criação de valor. Mais do que transmitir teorias, focamos práticas comprovadas que podem ser aplicadas no dia a dia dos participantes.

Por meio de sessões interativas e debates enriquecedores, buscamos promover uma mudança real na maneira de pensar e agir, com a compreensão de que a riqueza vai além do aspecto financeiro, envolvendo também o desenvolvimento intelectual e emocional. Estimulamos os participantes a adotarem hábitos saudáveis, investirem em educação constante e cultivarem relacionamentos construtivos. Acreditamos que o sucesso duradouro surge do equilíbrio entre o crescimento profissional e o bem-estar pessoal.

Sinto uma grande satisfação ao ver os resultados das edições da Masterclass e o impacto que tiveram na vida dos participantes. Muitos compartilham transformações significativas, alcançando metas que antes pareciam inalcançáveis. Esse retorno positivo reforça minha convicção de que, ao compartilhar conhecimentos e potencializar o crescimento das pessoas, estamos contribuindo para a construção de uma sociedade mais próspera e dinâmica.

Se você busca crescer, inovar e alcançar novos horizontes, faça parte dessa jornada. Juntos, podemos construir um futuro repleto de realizações.

Momentos marcantes da Masterclass Mente Milionária de 2023. Fonte: divulgação.

Masterclass Mente Milionária, edição 2023. Fonte: divulgação.

Código Secreto da Riqueza: um legado transformador

Desde jovem, compreendi que o sucesso é resultado de estratégias bem-definidas, disciplina e uma mentalidade voltada para o crescimento. Crescendo no sertão da Paraíba, em um ambiente de recursos limitados, aprendi que a verdadeira riqueza está na capacidade de construir e transformar. Essa visão moldou minha abordagem diante da vida e, anos depois, tornou-se a base do método Código Secreto da Riqueza (CSR), um marco importante de minha trajetória. O método nasceu como a síntese de décadas de experiências – sucessos, fracassos, erros e acertos – e foi concebido como um legado, uma ponte para que outros pudessem escrever as próprias histórias de sucesso.

Sempre soube que não seria suficiente superar minhas dificuldades pessoais; era preciso compartilhar as lições que me ajudaram a transformar minha realidade. Essa inquietação, resumida na pergunta "Como posso ajudar outras pessoas a alcançarem os próprios objetivos?", guiou a criação do CSR. Ao longo de minha jornada, percebi que muitos empreendedores, apesar de terem talento e determinação, enfrentavam a falta de direcionamento. Foi assim que o Código Secreto da Empresa (CSE) nasceu, com o objetivo de enfrentar esses desafios comuns.

O CSE é um programa de três dias que foca práticas comprovadas de gestão, governança, liderança, estratégias de captação e retenção de talentos, marketing, vendas e escalabilidade. O objetivo é compartilhar esses conhecimentos de maneira estruturada, para que outros empresários possam replicar esses métodos e alcançar resultados extraordinários.

Os pilares que sustentam o CSE são: visão estratégica, gestão eficaz, liderança inspiradora, inovação contínua, processos e procedimentos, governança corporativa, indissociabilidade entre marketing e vendas e escalabilidade empresarial. Durante a imersão de três dias, aprofundamos cada um desses pilares, oferecendo ferramentas práticas e orientações personalizadas. Os participantes analisam os próprios negócios, identificam pontos de melhoria e desenvolvem planos de ação para alcançar objetivos que traçaram.

Um dos principais diferenciais do CSE é a troca de experiências entre os participantes. Além das sessões de mentoria, promovemos encontros e workshops nos quais os empresários podem compartilhar desafios e soluções, criando uma rede de apoio mútuo. Acredito que essa colaboração é essencial para o crescimento coletivo.

Desde o lançamento, o CSE tem gerado resultados concretos, como aumento na produtividade, melhorias na gestão financeira, expansão de mercado, mudanças positivas na cultura organizacional e, especialmente, aumento no faturamento e na lucratividade. Ver o impacto positivo do CSE reforça minha convicção de que compartilhar conhecimento é fundamental para o desenvolvimento do empreendedorismo no Brasil. Meu objetivo é expandir essa iniciativa, alcançando mais empresários e contribuindo para o crescimento econômico do país.

Se você é um empreendedor em busca de ferramentas para impulsionar sua empresa, conheça o Código Secreto da Empresa. Juntos, podemos desvendar os segredos das grandes organizações e construir um futuro de sucesso e prosperidade para seu negócio.

Pilares do CSR

Os pilares do CSR são três: mentalidade, conhecimento e estratégia.

1. O primeiro pilar, a mentalidade, é o alicerce de tudo. Sem uma mentalidade vencedora, nenhuma estratégia se sustenta. No CSR, nosso foco é substituir crenças limitantes por crenças que fortalecem e impulsionam o indivíduo.
2. O segundo pilar é o conhecimento, pois investir em educação é essencial. Isso inclui tanto a educação formal quanto a busca constante por novas ideias e habilidades.
3. O terceiro pilar é a estratégia: metas claras e planos bem estruturados são fundamentais para transformar sonhos em realidade.

O livro e o Movimento Obstinados

O ponto de partida foi meu livro *O código secreto da riqueza*. Durante o processo de escrita, compartilhei o manuscrito com membros de minha equipe. Lembro-me do entusiasmo de Luciane Macieira ao ler aquelas páginas pela primeira vez. Ela disse: "Janguiê, este não é apenas um livro; é um método de prosperidade, é um divisor de águas". Decidimos transformar aquele conteúdo em algo ainda maior, criando uma experiência prática e imersiva.

Foi assim que, antes mesmo do lançamento do livro, surgiu o Movimento Obstinados. Começamos com uma série de lives para engajar empreendedores, e o entusiasmo foi tanto que decidimos lançar o movimento presencialmente. Em 13 de novembro de 2021, reuni em minha casa 24 empreendedores selecionados, proporcionando uma noite memorável, com mentoria e networking. Nessa ocasião, entreguei a eles, em primeira mão, a edição do livro *O código secreto da riqueza: as 12 chaves que lhe trarão sucesso, prosperidade e riqueza financeira*.

Primeiro evento do CSR

Durante o jantar, percebi que o Movimento Obstinados e o CSR estavam apenas começando. Lá mesmo, anunciamos a data da primeira turma de imersão do CSR, prevista para fevereiro de 2022. Inicialmente planejada para 24 participantes, a demanda cresceu rapidamente, e logo nos vimos organizando uma turma com 120 pessoas. Dediquei-me por completo à criação do método, escrevendo pessoalmente sobre como modelar pessoas, como fazer networking, como adquirir mentalidade de riqueza e outros, resultando em mais de 400 páginas. Cada detalhe foi cuidadosamente elaborado para oferecer o melhor conteúdo possível.

Nas palavras de Luciane, minha parceira nessa jornada: "Janguiê liderou cada passo desse processo com uma obstinação impressionante. Ele é disciplinado de uma forma inspiradora; não deixa nada ao acaso". Isso porque trabalhamos noites e madrugadas para garantir que a experiência fosse transformadora. Durante as imersões, eu aplicava o conteúdo completo, enquanto Luciane e outros membros da equipe lideravam dinâmicas e atividades práticas.

Histórias de sucesso

A metodologia do CSR se tornou um divisor de águas na vida de muitos. Lembro-me de C.G., um participante da primeira turma, que colocou como meta cuidar da própria saúde após anos de negligência. Alguns meses depois, ele voltou à imersão com resultados impressionantes, não apenas em termos de saúde, mas também no relacionamento familiar e nos negócios. Houve também N.A., que, após o CSR, superou crenças limitantes, escreveu um livro e pediu que eu escrevesse o prefácio. Fico emocionado ao ver como esse trabalho impacta tão profundamente.[84]

Com o crescimento do CSR, nasceu a JD Business Academy, uma instituição dedicada ao desenvolvimento pessoal e empresarial. Novos produtos foram criados, como a Masterclass Mente Milionária e o Million Business Network, além do Código Secreto da Empresa. Esses projetos consolidaram nosso compromisso com a melhoria contínua e a expansão do impacto.

O CSR me permitiu ver sonhos sendo realizados e vidas sendo transformadas. É um privilégio compartilhar o que aprendi ao longo da vida e ajudar outros a alcançarem as próprias conquistas. Como sempre digo, o sucesso é fruto de obstinação, disciplina e um desejo inabalável de crescer. E esse é apenas o começo.

---

84 Usamos apenas as iniciais, para garantir o anonimato dos participantes.

CSR

Janguiê com mentorados da edição 2023 do Código Secreto da Riqueza. Fonte: divulgação.

CSE: acelerando empresas para a casa do bilhão

Sempre acreditei que o sucesso de uma empresa não é fruto do acaso, e sim de estratégias bem elaboradas, conhecimento profundo do mercado e, principalmente, uma liderança eficaz. Foi com essa visão que decidi criar o Código Secreto da Empresa (CSE), um programa imersivo de escalabilidade empresarial destinado a desvendar os segredos por trás das organizações de alto desempenho e a capacitar empresários e gestores a levarem negócios ao próximo nível.

A motivação para desenvolver o CSE surgiu de minha própria experiência à frente de diversas empresas e iniciativas. Percebi que muitos empreendedores enfrentam dificuldades para escalar os negócios, manter a competitividade e se adaptar às constantes mudanças do mercado. Muitas vezes, falta acesso a conhecimentos específicos ou à orientação necessária para tomar decisões estratégicas que impulsionem o crescimento sustentável.

O que dizem os empresários que participaram do CSE

Carollyne Mota – sócia-fundadora da Faculdade Facit e doutora em Ortodontia

Participar do CSE foi de extrema importância para a minha vida. Uma das principais mudanças que experimentei foi na minha mentalidade. Antes do CSE, eu vivia no operacional, sem uma visão estratégica clara.

Após o programa, a minha mentalidade se transformou completamente: desenvolvi um pensamento estratégico e empreendedor que transformou a minha empresa. Reestruturamos a nossa cultura organizacional, implantamos governança, criamos um conselho consultivo e reformulamos processos. Além disso, abri cinco novas empresas e me tornei investidora em outras duas. Essas mudanças impactaram não apenas a minha vida e da minha família, mas também a minha cidade e região, gerando novos empregos, negócios e oportunidades.

A minha admiração pelo Dr. Janguiê Diniz vai além da trajetória dele como visionário da educação no Brasil. Como educadora e sócia-fundadora de uma instituição de ensino, vejo nele um exemplo inspirador de liderança. Ele une e inspira pessoas com verdade e integridade, algo que vivencio há anos na nossa convivência. Não é apenas o que ele fala, mas o que ele vive. Janguiê é o líder que transforma e inspira por meio do exemplo, sendo uma referência para todos nós.

Graziele Cabral – juíza do Trabalho no Tribunal Regional do Trabalho da 23ª Região

Participar do CSE foi uma verdadeira virada de chave na minha vida. Mais do que um evento de empreendedorismo, ele é um evento para a vida. Durante o programa, libertei-me de crenças limitantes, redefini valores e transformei a minha maneira de pensar. O modo como Janguiê Diniz ministra o evento é simplesmente fantástico: ele aborda temas densos e importantes com leveza, tornando tudo inspirador e acessível.

Conheci a história de Janguiê em uma palestra e fiquei encantada com a trajetória antes de ele se tornar um grande empreendedor – de juiz do Trabalho ao Ministério Público do Trabalho. Contudo, a minha admiração se intensificou ao participar do Código Secreto da Empresa. A capacidade que ele tem de transmitir conteúdos sérios e transformadores com tanto carisma é única. Para mim, o programa representou mais do que aprendizado; foi um ponto de inflexão, uma experiência que impactou profundamente a minha vida.

Ostilo Amaral – founder e CEO da Atacapet

A minha experiência no Código Secreto da Empresa (CSE) foi um marco na minha vida e na história da minha empresa. Conhecer Janguiê Diniz foi extraordinário. Ele é mais do que um mentor – é um bilionário generoso que compartilha, com simplicidade e profundidade, as chaves da prosperidade. Desde o primeiro dia do CSE, várias chaves foram destravadas na minha mente, e percebi que estava no lugar certo, com as pessoas certas e absorvendo o conhecimento adequado.

Janguiê é um mentor inclusivo e autêntico. Ele não apenas transmite conhecimento, mas também oferece acesso direto e atenção genuína a todos os participantes. É inspirador estar próximo de alguém que construiu do zero um império bilionário, vindo do sertão, superando desafios e transformando a vida com determinação e foco. Ele nos ensina que, se ele conseguiu, nós também podemos. Essa mensagem simples, mas poderosa, nos motiva a acreditar e agir.

Além do aprendizado prático no CSE, tive a oportunidade de interagir com a família Diniz e com um grupo extraordinário de empresários. Essa experiência transformou a minha visão sobre gestão, inovação e liderança. Janguiê e a equipe dele não apenas nos ensinam, mas nos envolvem em um ambiente de crescimento contínuo, trazendo insights valiosos sobre governança, conselhos administrativos e estratégias para expansão.

Hoje, vejo o CSE como mais do que um programa, como uma chave para a transformação pessoal e profissional. Agradeço imensamente a Janguiê pela generosidade e por inspirar tantas vidas. Estou determinado a seguir os ensinamentos e, em breve, fazer parte da lista de bilionários que ele tanto incentiva a construir.

Emerson Santos – empresário e fundador das empresas Proos, Truqys Pet, Sleck, JFS e Montizi Home Decor

Sou empresário no setor industrial e no mercado pet, com o propósito de criar dez empresas prósperas nos próximos cinco anos. O meu primeiro contato com Janguiê Diniz foi em 2022, durante o lançamento do livro *O código secreto da riqueza*. A partir daí, participei do método CSR e do CSE, que foram experiências transformadoras.

No CSE, compreendi o verdadeiro significado de prosperidade, que vai muito além de riqueza financeira. Janguiê ensina com uma generosidade impressionante, que prosperidade envolve equilíbrio em saúde, família, espiritualidade e sabedoria. Ele nos inspira a modelar pessoas bem-sucedidas, valorizar o networking e focar um propósito maior.

Em novembro de 2023, ao ingressar no MBN, essa visão se consolidou. Conectar-me com pessoas de mentalidade próspera e aprender diretamente com Janguiê foi um divisor de águas na minha vida. A capacidade que ele tem de impactar vidas com mentorias, eventos e livros é extraordinária.

Para quem busca crescimento verdadeiro – financeiro, emocional e espiritual –, estar próximo de Janguiê Diniz e das ideias dele é indispensável. Ele não transforma só negócios, mas também vidas, nos ajudando a construir uma jornada de propósito e equilíbrio que vale cada esforço.

Alisson Ramalho – sócio-fundador do Grupo SD

Empreendo há mais de 30 anos, liderando um ecossistema de saúde, beleza e bem-estar que opera no Brasil e em outros sete países. Participar do programa empresarial CSE foi uma das experiências mais transformadoras da minha trajetória.

O programa é extremamente assertivo, detalhando com clareza os principais pilares e setores necessários para o sucesso no empreendedorismo. A linguagem é simples e acessível, e a metodologia é profundamente prática e estratégica.

Durante a participação, não apenas recebi insights valiosos, mas também tive a oportunidade de estruturar planos de ação e aplicar técnicas que podem ser implementadas imediatamente.

É um verdadeiro divisor de águas, que fornece ferramentas para criar estratégias inovadoras e escalar os negócios de maneira exponencial.

Recomendo a todos os empresários que buscam potencializar negócios e levar as empresas a outro patamar. Esse programa é mais do que uma experiência; é uma oportunidade única de crescimento e inovação.

Fernando Ferreira Brito – empresário

O programa CSE trouxe um conhecimento valioso que, quando aplicado, ajudou a amadurecer o meu negócio. Tomamos decisões mais assertivas, baseadas em experiências práticas e reais. A vivência compartilhada no programa é de quem entende profundamente o campo de batalha empresarial, tendo passado por todos os processos do negócio. Isso gerou resultados significativos para a nossa gestão e para a maneira como enxergamos o negócio.

Além disso, o programa proporcionou um networking de altíssimo nível, que não apenas trouxe amizades, mas também gerou negócios e retorno concreto para a nossa empresa. Para mim, essa experiência foi essencial para transformar tanto o meu negócio quanto os meus resultados.

Investir em conhecimento é uma das melhores decisões que se pode tomar, pois o retorno é garantido. O programa CSE foi uma transformação completa – tanto na vida pessoal quanto na empresarial. Só tenho a agradecer ao mestre Janguiê Diniz. *Thank you*!

Plinio Makarowits – empresário serial

Em março de 2023, após contratar uma consultoria para avaliar o estado das minhas empresas, recebi a dura notícia de que estava operando com 20% de prejuízo, mesmo faturando acima de 1 milhão de reais por mês. Foi quando aprendi uma das primeiras lições que mudariam a minha vida: "apurado não é lucro". Essa frase marcou o início de uma transformação.

Comecei a cancelar contratos deficitários, fazer demissões e reestruturar o meu negócio. Foi o momento mais difícil da minha jornada como empreendedor. Apesar de empreender desde cedo, nunca tinha investido em consultorias ou mentorias. Achava que sabia tudo, mas percebi que todos precisamos de alguém para nos guiar. E, graças a Deus, encontrei Janguiê Diniz, um mentor extraordinário, de modo quase sobrenatural.

Em outubro de 2023, tive a oportunidade de participar de um evento intitulado CSE, que me transformou. Inicialmente, recusei o convite por causa da rotina atribulada, mas, após um momento de oração, decidi ir. Em apenas três dias, fui impactado por ensinamentos que mudaram completamente a minha mentalidade. Percebi que o que eu fazia em pequena escala era possível em uma dimensão muito maior. Foi o início de uma mudança profunda – até mesmo a minha depressão começou a se dissipar.

Logo depois, fui convidado a ingressar em uma mentoria de alta performance empresarial: MBN. Apesar de estar em crise financeira, tomei uma decisão ousada: investi todo o dinheiro que tinha naquele momento. No dia seguinte, um cliente antecipou um pagamento significativo, algo que só posso atribuir a Deus.

Desde então, aprendi com o mestre Janguiê Diniz e mudei o meu foco. Em vez de olhar apenas para os números, passei a buscar as verdadeiras riquezas: equilíbrio, propósito e serenidade.

Em 12 meses, o meu faturamento passou de 50 mil reais para 400 mil reais por mês. Paguei quase 90% das dívidas de curto prazo e me tornei um empresário mais calmo e estratégico. Ainda tenho muito a aprender, mas agora erro menos, tenho mais confiança e clareza.

Agradeço ao meu mentor Janguiê Diniz por tudo o que fez por mim. Este depoimento é uma pequena parte da minha jornada e espero que inspire você, leitor, a caminhar ao lado de quem tem resultados e pode guiá-lo ao sucesso.

Jenni Garzon – empresária

Entrar para o programa CSE foi uma das melhores decisões da minha vida. Conheci Janguiê em uma palestra, e o jeito único dele me convenceu a acompanhá-lo mais de perto. Ele transmitia uma energia diferente, que chamava de obstinação. É impossível não se tornar um obstinado ao lado dele e, mais do que isso, alguém movido por sonhos grandes, como ele mesmo diz.

A trajetória dele é uma inspiração que transcende gerações. Mais do que um empreendedor de sucesso, Janguiê é um mestre na arte de transformar vidas por meio do conhecimento, um visionário que compreendeu o poder da educação e do empreendedorismo. Os ensinamentos dele ecoam entre os alunos como sementes lançadas em solo fértil, germinando para gerar frutos de esperança, crescimento e conquistas.

Deixo aqui a minha homenagem à inestimável contribuição que tem dado ao desenvolvimento de uma mentalidade empreendedora em milhares de pessoas. Com exemplo de determinação, resiliência e coragem, ele ensina que não há barreiras intransponíveis e que cada desafio é uma oportunidade de aprendizado.

O compromisso em compartilhar sabedoria com o mundo não apenas forma empreendedores, mas molda líderes capazes de impactar positivamente a sociedade. As lições que oferece vão muito além dos negócios; despertam em cada um de nós o desejo de sermos agentes de mudança, de sonharmos grande e de acreditarmos no poder que temos para transformar nossa vida e a realidade a nosso redor. Com imensa gratidão, admiração e profundo respeito ao mestre Janguiê Diniz.

Janguiê durante edição do Código Secreto da Empresa. Fonte: divulgação.

Janguiê durante edição do Código Secreto da Empresa. Fonte: divulgação.

Para se inscrever no CSE, aponte a câmera do celular para o QR code.

Million Business Network (MBN): Mentoria de Alta Performance Empresarial

Ao longo de minha trajetória como empreendedor, sempre acreditei no poder das conexões e do compartilhamento de conhecimento para impulsionar o sucesso nos negócios. Foi com essa visão que idealizei o programa de mentoria de alta performance empresarial intitulado Million Business Network (MBN), uma plataforma exclusiva destinada a unir empresários, líderes e profissionais que buscam expandir as redes de contatos, trocar experiências e fomentar novas oportunidades de negócio.

Inicialmente, o programa seria chamado Billion Business Network (BBN). No entanto, decidi mudar, pois percebi que, infelizmente, a maioria dos empresários brasileiros não tem uma mentalidade bilionária. Muitos acreditam que o bilhão é algo inacessível para eles. Quando muito, têm uma mentalidade milionária, mas nunca multimilionária, e muito menos bilionária. Por esse motivo, quando ouvissem "Billion", poderiam se afastar do programa, achando que não são dignos de participar ou de conquistar o bilhão.

A motivação para criar o MBN surgiu de minha própria experiência no mundo empresarial. Percebi que, muitas vezes, o crescimento de uma empresa não depende apenas de recursos financeiros ou de uma ideia inovadora, mas também da modelagem de quem já chegou lá e das relações que construímos ao longo do caminho. Modelar grandes empreendedores e se conectar com pessoas que compartilham os mesmos objetivos e desafios pode abrir portas inimagináveis e acelerar o desenvolvimento dos negócios.

O MBN foi concebido como um ambiente propício para essa interação. Trata-se de uma rede de modelagem e networking de alto nível que reúne empresários de diversos setores e regiões do país que têm o objetivo de conquistar o bilhão. Logo após o início no MBN, os participantes se conscientizam de que é plenamente possível conquistar o bilhão, pois, se Janguiê conseguiu, eles também podem.

Por meio de eventos exclusivos, encontros presenciais e plataformas digitais, os membros têm a oportunidade de conquistar a mentalidade bilionária, adquirir conhecimento e ferramentas de escalabilidade, modelar empreendedores bilionários convidados por mim para compartilhar experiências, estabelecer networking e parcerias estratégicas, além de compartilhar insights e aprender com as experiências uns dos outros.

Um dos diferenciais do MBN é o foco na qualidade das conexões. Buscamos reunir empresários autênticos, que efetivamente já construíram grandes empresas e que estão comprometidos com ética, inovação e crescimento sustentável. Muitos desses empresários já conquistaram o bilhão, ao contrário de empreendedores de palco que leem livros e começam a ensinar os outros a se tornarem milionários. Acreditamos que, ao promover relacionamentos baseados na realidade prática, na confiança e na colaboração, criamos um ecossistema mais forte e preparado para enfrentar os desafios do mercado.

Além das oportunidades de modelagem e networking com grandes empresários que já realizaram conquistas, o MBN oferece uma série de benefícios aos membros, incluindo acesso a conteúdos exclusivos, palestras com empresários renomados, programas de mentoria e consultorias especializadas. Nosso objetivo é fornecer as ferramentas e os recursos necessários para que cada empresário possa alavancar os negócios e atingir novos patamares de sucesso – inclusive o patamar bilionário.

Convido a conhecer o MBN todos os empresários e profissionais que desejam expandir fronteiras, aprender continuamente e fazer parte de uma comunidade engajada. Juntos, podemos construir uma rede poderosa, capaz de transformar negócios e contribuir para o desenvolvimento econômico e social de nosso país.

Se você está em busca de novas oportunidades, deseja se conectar com grandes líderes de diferentes setores e acredita no poder da modelagem, das conexões e da colaboração, o MBN é o lugar certo para você. Vamos, juntos, criar um futuro repleto de conquistas e realizações.

O que dizem os mentorandos do MBN

Raony Falzeta Falco

Sou CEO e sócio-fundador da ATRA Consultoria, uma empresa especializada em dados, na qual lidero equipes especializadas em Integração, Migração, Governança de Dados, Qualidade de Dados e Inteligência Artificial. Além disso, atuo como investidor ativo e sou membro do conselho consultivo do Instituto Êxito.

Antes de me conectar com Janguiê Diniz, frequentemente me questionava sobre o que realmente significa ser um verdadeiro executivo para a minha empresa, considerando os conceitos do mercado. Mesmo sendo o proprietário do meu negócio, percebia que o título de executivo havia sido algo que eu mesmo me atribuí, e o que sabia sobre gestão era resultado de uma combinação de acertos e falhas durante a minha trajetória.

Foi em busca de respostas a essas questões que decidi me envolver com mentores e outras mentes empreendedoras, acreditando que, ao trocar experiências com aqueles que já haviam trilhado o caminho do sucesso, eu poderia acelerar a minha evolução como líder.

Inicialmente, mantinha uma visão cética sobre mentorias, questionando a eficácia dos conselhos vindos de pessoas externas ao meu negócio, que, muitas vezes, não conheciam profundamente as minhas operações ou os desafios específicos dela. No entanto, essa visão começou a mudar drasticamente no momento em que entrei em contato com a história e a sabedoria de Janguiê Diniz.

O impacto das palestras e dos treinamentos dele, bem como a troca de experiências foram profundos. Janguiê, com uma trajetória inspiradora e uma visão estratégica aguçada, me proporcionou insights sobre o universo empresarial que eu ainda não havia compreendido, apesar de toda a minha vivência. Ele não apenas compartilhou a própria jornada de construção de um império empresarial a partir do zero, mas também desafiou as minhas ideias e me fez enxergar além das minhas próprias limitações.

Com a orientação, pude repensar as minhas estratégias de negócios, revisar a minha abordagem à liderança e, mais importante, desenvolver uma mentalidade renovada, focada em resultados de longo prazo. Essa experiência me capacitou a encarar os desafios empresariais de maneira mais estratégica e confiante.

Além dos ensinamentos valiosos, uma das maiores surpresas desse processo foi a amizade verdadeira e genuína que pude construir com Janguiê e os outros membros do grupo de mentoria. Dentro desse ecossistema, em que a troca de ideias e experiências é constante, as relações formadas vão além do ambiente profissional. Aqui, encontrei amigos que compartilham os mesmos valores e o desejo de crescer, apoiar-se mutuamente e fazer a diferença no mundo dos negócios.

Participar desse ecossistema de mentoria, ao lado de pessoas com histórias e experiências tão enriquecedoras, foi um marco significativo na minha jornada como executivo. Hoje, posso afirmar com certeza que o aprendizado contínuo e a troca constante de ideias com profissionais de alto nível, como Janguiê, ampliaram a minha visão e potencializaram as oportunidades de crescimento da minha empresa. Tenho plena convicção de que estar imerso em um ambiente com tantas mentes empreendedoras faz toda a diferença no sucesso de qualquer negócio.

Agradeço a você, Janguiê, por ser não apenas um mentor excepcional, mas também esse grande amigo que busca estar sempre ao nosso lado, nos desafiando a crescer e apoiando em cada passo dessa jornada. Sou grato por tudo que aprendi e por toda a inspiração que você trouxe para a minha vida. Voe sempre acreditando que as suas asas podem suportar os seus sonhos!

Adriana Duarte

Posso afirmar que, ao entrar no MBN, vivenciei uma transformação profunda e abrangente. Essa mudança não se limitou ao empreendedorismo, tendo sido uma verdadeira revolução na minha vida como um todo. A expansão e o crescimento que experimentei, tanto no aspecto profissional quanto no pessoal, são frutos de um trabalho profundo e genuíno, conduzido por um mentor excepcional: Janguiê Diniz.

Janguiê não só nos ensina a empreender, mas também nos revela os pilares fundamentais que sustentam um empreendedor de sucesso, além dos princípios e valores inegociáveis que são a base para essa construção. Ele nos ensina que o empreendedorismo começa na pessoa física, e, com isso, torna-se mais fácil utilizar e aplicar as ferramentas e possibilidades que ele compartilha, transformando e revolucionando os nossos negócios. Ele nos ensina a ver com os olhos de um investidor, o que muda completamente o jogo.

Janguiê é um mentor de verdade. Ele oferece mais que uma mentoria, e isso se reflete nos resultados e nas transformações dos membros do MBN. Ele vibra com cada conquista e mudança, sendo um líder que nos inspira e motiva todos os dias. Nos acompanha de verdade, guiando-nos para um crescimento contínuo.

Cláudio Azevedo

Sou fundador do grupo Fácil Seguros. Participar da mentoria com Janguiê Diniz foi extremamente relevante, pois me permitiu ampliar os meus horizontes e, sobretudo, expandir a minha mente e a minha visão de negócios. Venho de uma cidade do interior – onde temos menos acesso a grandes players de mercado –, e ver Janguiê entregar o que entrega, abrindo toda a bagagem de conhecimento e experiência, foi transformador. Ele apresentou pontos importantes sobre o Ser Educacional, detalhando todas as etapas da empresa, os departamentos e o funcionamento de uma grande companhia na prática.

Além disso, compartilhou aspectos da rotina e da vida privada, algo que poucos fazem abertamente. Destaco em especial a participação da esposa dele, Sandra, que desempenhou um trabalho brilhante, sempre nos recebendo com carinho e extremo respeito. É importante frisar esse apoio da família, incluindo os filhos, que também conversam e interagem conosco, agregando ainda mais à experiência.

O MBN foi extremamente importante para mim em várias áreas do meu desenvolvimento profissional, além do significativo nível de networking estabelecido com os outros mentorandos, pessoas fantásticas com as quais pude firmar parcerias e realizar muitos negócios. Essa experiência abre inúmeras oportunidades para quem deseja seguir o caminho empresarial e alcançar sucesso tanto na vida pessoal quanto nos negócios. No MBN, você aprende que é possível "chegar lá", pois tem acesso a informações enriquecedoras.

O programa é realmente completo, e viver tudo isso foi uma jornada maravilhosa. Participo desde a primeira edição da mentoria e só tenho a agradecer ao grande mestre Janguiê Diniz o carinho, a atenção e a imensa disponibilidade em compartilhar conhecimentos, experiências e amizade

Renata Barbalho

Participar inicialmente do Código Secreto da Empresa (CSE) foi uma verdadeira virada de chave para mim como empresária.

Há mais de 17 anos empreendendo fora do Brasil, achei que tinha consolidado o meu negócio, mas o CSE me mostrou várias lacunas importantes que precisavam ser ajustadas. Em maio de 2024, entrei no programa com uma empresa estável, mas com um crescimento limitado. Foi ali que compreendi que o segredo para escalar está na aplicação de técnicas e processos bem-definidos.

Uma frase marcante de Janguiê Diniz é: "A empresa que não cresce, morre". Isso me fez perceber que não basta focar apenas a manutenção do negócio; é essencial buscar melhorias contínuas e investir em estrutura e expansão. Gostei tanto da experiência que, logo depois, ingressei na mentoria de alta performance, o MBN. Aprendi a estruturar cada área do meu negócio: vendas, marketing, tecnologia, governança e muito mais, com um olhar detalhado e estratégico.

Desde que participei do CSE e comecei a mentoria MBN, o meu faturamento cresceu, contratei mais pessoas e, principalmente, mudei a minha mentalidade. Hoje, estou totalmente focada em processos, melhorias e crescimento. O que o CSE e a mentoria MBN oferecem vai além de estratégias – eles transformam a maneira como enxergamos o nosso papel como líderes e como conduzimos os nossos negócios.

Andson Souza

Costumo dizer que sou um dos cofundadores do MBM. Janguiê tinha apenas a mentoria do Instituto Êxito, e eu fazia parte dela, mas não tinha a conexão e o acesso exclusivo e direto a ele que tenho hoje. Então, antes mesmo de ele criar a mentoria do MBM,

MBN
JANGUIÊ DINIZ
DUBAI 2024

Empresários durante a mentoria do MBN. Fonte: divulgação.

eu já estava lá, conectado com ele. Acho que, hoje, o MBM, por tudo que já foi construído, representa um legado, e, para mim, trouxe uma grande evolução tanto como pessoa quanto como empresário.

Ao longo da vida empresarial, enfrentamos muitos percalços e desafios. Quando comecei, tinha apenas uma empresa; hoje, evoluímos para oito, impulsionados por essa mudança para uma mentalidade empreendedora de crescimento. Acredito que o maior ensinamento que Janguiê nos transmite é a capacidade de sermos empreendedores seriais, sempre buscando o novo, sendo obstinados por natureza, resilientes, firmes e determinados. Hoje, graças a Deus, o nosso conglomerado de empresas tem crescido de maneira sólida, principalmente pela maneira como ele ensina a lidar com os negócios e com as pessoas: algo totalmente fundamental.

Um momento que resume bem o impacto do MBM na minha vida aconteceu no meu primeiro encontro com Janguiê. Contei um pouco sobre a nossa empresa e mencionei que queria contratar uma psicóloga. Ele me disse que, se eu fizesse isso, estaria completamente errado, pois o segredo da minha empresa era eu mesmo: eu deveria cuidar e entender as pessoas. Essa foi a grande sacada que ele me deu naquele primeiro encontro, lá em 2021. Imagine o quanto já aprendi desde então por estar conectado com ele.

Para se inscrever no MBN, basta apontar a câmera de seu celular para o QR code.

Tenho uma profunda e eterna gratidão por todo o aprendizado e a evolução proporcionados pelo mestre Janguiê Diniz.

ChristSummit: crie riqueza financeira com base nos princípios de Deus

Sempre acreditei que o empreendedorismo vai além de gerar lucro. Ele tem um papel transformador, que impacta vidas, comunidades e sociedades inteiras. Foi com essa convicção que, em 2023, idealizei o ChristSummit, o maior evento de empreendedorismo cristão do Brasil, com o tema "É possível construir riqueza financeira com base nos princípios de Deus". Com o pastor Josué Valandro Jr., da Igreja Batista Atitude, e parceiros como o Christ Institute, a GoDigitalEdu e a Igreja Atitude, demos vida a esse projeto desafiador e inovador.

Napoleon Hill, autor de *Pense e enriqueça*, acredita que a fé é a base fundamental para a criação de riqueza, pois é por meio dela que a mente se alinha com os desejos mais profundos e os transforma em realidade. Para ele, a fé não é apenas acreditar, mas também nutrir um desejo ardente e contínuo de alcançar um objetivo, o que, combinado com a ação, gera uma força transformadora. Hill enfatiza que a confiança em si mesmo é essencial, pois sem ela o sucesso se torna inatingível. Quando alimentada pela fé e pela imaginação, a ideia se torna poderosa o suficiente para superar obstáculos, e a mente se torna capaz de conceber e acreditar, podendo alcançar qualquer meta, pois o que a mente pode imaginar e acreditar, ela pode manifestar.

O ChristSummit veio de um propósito claro: demonstrar que é possível prosperar financeiramente seguindo os princípios de

Deus. Foi uma jornada de planejamento intenso, marcada pela busca de uma experiência que conectasse valores cristãos com o sucesso empresarial. Nos dias 2 e 3 de junho de 2023, o Coliseu Convenções, em Alphaville (São Paulo), transformou-se para receber mais de 1.500 participantes em momentos de intensas reflexões e aprendizados.

Eduardo Cavalcanti, CTO da Worksplosion e um dos responsáveis pela produção do evento, descreveu a transformação do Coliseu como algo extraordinário. "Literalmente, transformamos o espaço, criando uma atmosfera imersiva e impactante. Com uma passarela de quase dez metros que se estendia até o meio do público e telões de LED nas colunas do local, garantimos uma experiência visual única", contou. Segundo ele, toda a tecnologia e a estrutura foram pensadas para criar um ambiente que envolvesse emocionalmente os participantes.

Uma experiência de impacto

Os palestrantes, cuidadosamente selecionados, trouxeram histórias e reflexões que inspiraram e transformaram. Grandes nomes, como Cláudio Duarte, Pablo Marçal, João Kepler, William Douglas, Kaká Diniz, Carlos Wizard, Natalia Beauty, o ex-jogador Diego Ribas, e até mesmo eu, compartilharam trajetórias de sucesso alinhadas aos princípios cristãos. Além disso, momentos de música com artistas como DJ PV e Anderson Freire proporcionaram uma atmosfera ainda mais especial. Anderson, inclusive, encerrou o evento com uma apresentação emocionante que levou muitos às lágrimas.

Eduardo Cavalcanti destacou a intensidade emocional do evento: "Ver as pessoas saindo chorando de emoção, agradecendo pela experiência vivida, foi extremamente gratificante. O ChristSummit foi muito mais do que um evento, foi uma experiência de transformação pessoal e espiritual", relembrou. A organização cuidou de cada detalhe, desde o credenciamento até a logística dos palestrantes, garantindo que todos os aspectos contribuíssem para o sucesso do encontro.

Superando as críticas

Nem tudo foram flores. O ChristSummit enfrentou críticas, especialmente relacionadas ao preço dos ingressos. Essa situação gerou questionamentos sobre a compatibilidade dos valores cobrados com os princípios cristãos promovidos. Um jornalista chegou a descontextualizar a proposta do evento, sugerindo que ele se tratava de uma exploração comercial. A observação feita por Eduardo é cirúrgica: "As pessoas que participaram compreenderam claramente o que estava sendo oferecido. Houve uma falha de interpretação externa, mas quem viveu a experiência sabe do cuidado e do propósito que tivemos".

Essa experiência também trouxe lições valiosas para o futuro. Acredito que críticas fazem parte de qualquer projeto inovador. Encará-las com maturidade e manter o foco no propósito é essencial para superar desafios e seguir em frente.

Lições de uma primeira edição memorável

Apesar das polêmicas, o ChristSummit foi um marco. Ele reforçou minha crença de que a prosperidade é uma bênção divina e pode ser alcançada com ética e honestidade. Para mim, o evento representou muito mais do que um desafio profissional; foi um chamado espiritual para inspirar pessoas a buscarem o sucesso de maneira alinhada aos propósitos de Deus.

Eduardo também compartilhou uma memória especial: "O evento abria e fechava com música. Cada palestrante era acompanhado por uma banda que tocava entre as falas. Isso trouxe um diferencial que não era apenas estético, mas também profundamente emocional. Não era um evento religioso no sentido tradicional, e sim um evento cristão que conectava espiritualmente os participantes".

Embora a primeira edição tenha sido planejada como o início de uma série de eventos, desafios logísticos e estratégicos levaram a uma pausa. Ainda assim, o legado do ChristSummit permanece. Ele provou que é possível integrar espiritualidade e empreendedorismo de modo autêntico e impactante.

A experiência também me mostrou que o impacto de um evento como o ChristSummit vai além dos números. Ele representa uma oportunidade de inspirar mudanças profundas em como encaramos a vida, o trabalho e nossa relação com Deus. Que essa história inspire outros a acreditarem que é possível ir além, desde que caminhemos com coragem, ética e propósito.

Divulgação do ChristSummit. Fonte: reprodução.

Espiritualidade e prosperidade: reflexões e transformações no ChristSummit. Fonte: divulgação.

CAPÍTULO 14

Jornada literária: 10 anos transformando vidas

> Desaprender para aprender. Deletar para escrever em cima. Houve um tempo em que eu pensava que, para isso, seria preciso nascer de novo, mas hoje sei que dá pra renascer várias vezes nesta mesma vida. Basta desaprender o receio de mudar.
>
> *Martha Medeiros*[85]

Sempre acreditei no poder da escrita como modo de transmitir conhecimento e inspirar outras pessoas. Foi com esse propósito que escrevi vários livros, que hoje servem como ferramentas de mentoria para milhares de empreendedores e profissionais que buscam crescimento pessoal e profissional. Esses livros traduzem as lições que aprendi ao longo dos anos, assim como minha visão de mundo e a filosofia que adotei como mentor. Nas páginas dessas obras, procuro ensinar aos leitores

[85] MEDEIROS, M. **Montanha-russa**. São Paulo: L&PM, 2003.

como desenvolver uma mentalidade vencedora, superar os desafios do empreendedorismo e manter o foco nas metas de longo prazo.

Muitos dos conceitos que ensino nas mentorias individuais e em grupo estão presentes nesses livros, que se tornaram guias indispensáveis para quem deseja alcançar o sucesso no mundo dos negócios. Ao olhar para a lista de livros que publiquei ao longo dos últimos dez anos, não posso deixar de refletir sobre a trajetória que percorri e sobre as transformações que cada uma dessas obras simboliza, tanto para mim quanto para os leitores. Cada título é uma extensão do que sou: um educador apaixonado, um pensador inquieto, um inconformado compulsivo com o statu quo, um empreendedor obstinado e, acima de tudo, um aprendiz constante da vida.

Reflexões sobre educação e política

Minha jornada literária inclui obras que abordam questões sociais e educativas. *O Brasil da política e da politicagem* (2017) e *Falta de educação gera corrupção* (2018) foram escritos para alertar sobre a importância de uma educação de qualidade para a construção de uma sociedade ética e próspera. Nessas obras, exploro como a educação é essencial para resolver muitos dos problemas estruturais de nosso país.

Em *O Brasil da política e da politicagem*, aprofundo a análise sobre o impacto das práticas políticas inadequadas e da politicagem no desenvolvimento nacional. O livro faz um apelo para que líderes políticos priorizem valores éticos e responsabilidade social, mostrando como decisões políticas mal fundamentadas podem perpetuar desigualdades e ineficiências. Ele é especialmente necessário para entendermos a base de muitos conceitos difundidos, mas pouco entendidos.

> Quando falamos, estudamos ou analisamos a política de qualquer país, sempre nos deparamos com as expressões "oposição" e "situação" para caracterizar aqueles políticos que são a favor ou contra o governo. Apesar de muito comuns, poucas pessoas conhecem a importância dessas duas palavras. Posicionar-se é uma ação política. [...] É preciso que cada um de nós deixe de ser analfabeto político para aprender que temos direitos e deveres. A verdadeira democracia, que governa em prol do povo, é caracterizada pela união de forças de todos. O importante é que oposição e situação caminhem com um único propósito: o de melhorar o país como um todo, representando a população e fazendo valer cada um dos nossos direitos.[86]

Já em *Falta de educação gera corrupção*, apresento um panorama de como a falta de investimentos na educação básica cria um círculo vicioso de cidadania comprometida, desigualdade e corrupção. O livro destaca a educação como fundamenta para

86 DINIZ, J. **O Brasil da política e da politicagem**: perspectivas e desafios. São Paulo: Novo Século, 2017.

formar cidadãos conscientes, capazes de exigir e implementar mudanças estruturais.

> A má qualidade do ensino no Brasil é fruto de um paradoxo. Ou seja, de uma grande distorção e contradição. Instituições federais ricas e escolas básicas muito pobres. Não é ocioso rememorar o que foi asseverado anteriormente, que do orçamento anual do MEC (em 2017 foi de R$ 139 bilhões), R$ 53 bilhões, o que equivale a cerca de 39%, foram destinados às universidades, institutos e escolas técnicas federais, sem incluir bolsas e hospitais universitários. E desse total, 90% são destinados à folha de pagamento de professores, funcionários e aposentados, sobrando apenas 10% para investimentos e custeio. Enquanto o ensino básico, onde estão matriculados mais de 40 milhões de crianças e jovens, vive em eterna crise por falta de recursos. Isso torna o ensino básico brasileiro um dos piores do mundo.[87]

Essas obras nasceram da convicção de que a educação não é apenas um direito, e sim a base para a transformação social. Elas representam um convite à reflexão sobre a responsabilidade

---

87 DINIZ, J. **Falta de educação gera corrupção**. São Paulo: Novo Século, 2018.

coletiva e individual na construção de um país melhor. Minha intenção não foi só apontar problemas, mas sugerir caminhos e fomentar os debates necessários para que a educação ocupe papel central em nossa sociedade.

Inspirando gerações de vencedores

Avançando em minha trajetória, publiquei *Fábrica de vencedores* (2018) e *O sucesso é para todos* (2018). Essas obras nasceram do desejo de motivar as pessoas a acreditarem no próprio potencial, independentemente das circunstâncias ou dos desafios que enfrentam. Em *Fábrica de vencedores*, compartilho histórias inspiradoras de pessoas que superaram adversidades e construíram trajetórias de sucesso. A obra destaca que o sucesso não é uma questão de sorte, e sim de determinação, planejamento e ação.

> Nessa perspectiva, é importante lembrar que, toda vez que você se sentir em estado de conforto, saiba que estará hibernando, e, em hibernação, estará morrendo, pois a hibernação faz com que você deixe de crescer e de progredir. Com efeito, caso deseje crescer, progredir, ser rico, ter sucesso e prosperidade, aprenda a viver bem fora da caixa, do lugar comum e dos padrões de normalidade. Aprenda a viver sempre na zona do desconforto, pois "grandes empreendedores estão sempre confortáveis em estarem desconfortáveis" (Steve Blank).[88]

[88] DINIZ, J. **Fábrica de vencedores**: aprendendo a ser um gigante. São Paulo: Novo Século, 2018.

O sucesso é para todos reforça essa mensagem, ampliando a discussão para mostrar que, com as ferramentas e a mentalidade certas, qualquer pessoa pode alcançar objetivos. Nesse livro, apresento princípios práticos e estratégias que auxiliam os leitores a identificarem e aproveitarem oportunidades, superarem barreiras e se tornarem protagonistas das próprias histórias.

> Com efeito, ilustre amigo, nunca se esqueça de que o sucesso e a prosperidade estão umbilicalmente vinculados a noites sem dormir, dias e mais dias sem o convívio da família, enfim, a sacrifícios, sofrimento, desconforto e dor. É que, para ser vencedor, a pessoa tem que vencer a dor, pois "vencedores vencem dores". Dessa forma, já diziam os ingleses: *no pain, no gain*. [...] embora muita gente diga que o sucesso é um esporte para poucos, apenas para os escolhidos, eu defendo exatamente o contrário. Eu advogo a tese de que o sucesso é para quem o escolhe, não apenas para os escolhidos. E nessa empreitada pelo sucesso, a primeira pessoa que você vai ter que vencer é você mesmo, pois você é a única pessoa capaz de desistir, ou não, dos sonhos que você quer realizar. Com efeito, companheiro,

> nunca desista do sonho que não sai da sua cabeça e você pensa nele todos os dias.[89]

Inovação e disrupção

No campo da inovação, escrevi *Inovação em uma sociedade disruptiva* (2020). Esse livro é um guia sobre como navegar em um mundo em constante transformação, no qual a tecnologia (especialmente a inteligência artificial) e a criatividade moldam o futuro. Nele, exploro o impacto das inovações tecnológicas nas dinâmicas empresariais e sociais, destacando como as mudanças disruptivas podem ser encaradas como catalisadoras de crescimento e reinvenção.

A obra aborda estratégias para empreendedores e líderes enfrentarem desafios com resiliência e visão de futuro, transformando incertezas em oportunidades. Nessas páginas, trago exemplos de setores que se reinventaram diante de rupturas tecnológicas e apresento ferramentas práticas para que os leitores possam implementar mudanças na própria realidade. *Inovação em uma sociedade disruptiva* é, acima de tudo, um convite para que cada pessoa assuma o protagonismo em um cenário global de constantes transformações.

> Na realidade em que vivemos, assistimos diuturnamente a exemplos de programas ou ferramentas de *software*

---

[89] DINIZ, J. **O sucesso é para todos**. São Paulo: Novo Século, 2018.

que levaram, ou estão levando, à falência empresas ou modelos de negócios tradicionais e seculares. Ilustrativamente, elencamos algumas abaixo: **1) Netflix**, que consiste em um programa de computador ou ferramenta de software transmissor de filmes; faliu as locadoras; **2) Spotify** faliu as gravadoras; **3) Google** transformou radicalmente os negócios de páginas amarelas, como a Listel, e principalmente as empresas de enciclopédias, como a companhia Inglesa Britannica; **4) Empresas de smartphones**, a exemplo da Apple, que auxiliou na falência de empresas que fabricavam câmeras e filmes de revelações fotográficas. Quem não se lembra da gigante mundial de revelação fotográfica chamada Kodak, dona da maioria do mercado mundial de revelações, que quebrou "no talo" em poucos meses após o surgimento do smartphone?[90]

Uma análise da educação superior

Durante a pandemia, senti a necessidade de abordar os desafios enfrentados pelo setor educacional. Assim nasceu o e-book

90 DINIZ, J. **Inovação em uma sociedade disruptiva**. São Paulo: Novo Século, 2020.

Cenários da educação superior brasileira no contexto da covid-19: impactos e transformações (2020). Essa obra foi concebida como uma resposta às questões emergentes trazidas por um momento único na história da educação global.

O livro analisa como as instituições de ensino superior precisaram se adaptar rapidamente a novos formatos de ensino, como o remoto e o híbrido, e enfrentaram desafios relacionados à inclusão digital e à manutenção da qualidade acadêmica. Além disso, exploro os impactos da pandemia na estrutura organizacional das instituições, destacando as lições aprendidas e as oportunidades de inovação que emergiram desse contexto adverso.

Mais do que relatar os desafios, o e-book propõe soluções e estratégias para que o setor educacional continue a evoluir e a responder às demandas de um mundo em constante transformação. Ele também serve como um alerta sobre a importância de investir em resiliência institucional e em políticas públicas que garantam acesso igualitário à educação, mesmo diante de crises.

Minha intenção ao escrever essa obra foi contribuir para o debate sobre o futuro da educação superior no Brasil, incentivando gestores, educadores e formuladores de políticas a enxergarem as mudanças como uma oportunidade de construir um sistema educacional mais robusto, inclusivo e preparado para o futuro.

> Na verdade, o que importa, neste século, é formar profissionais cidadãos empreendedores com competências, habilidades e atitudes para viverem e atuarem na era dos algoritmos e da complexidade, era que está repleta de

informações disponíveis com um toque na tela ou no teclado. Dessa forma, é essencial que a educação instrumentalize os estudantes a terem condições de discernir entre o que vale a pena consumir (informações atualizadas, inovadoras, relevantes) e o que é descartável (informações repetidas, copiadas, incompletas, ultrapassadas). Essa é uma das competências importantes da educação empreendedora.[91]

Vem ser S/A: o poder da colaboração

Como empreendedor, sempre fui guiado pela busca de aprendizado constante e pela vontade de inspirar outras pessoas a alcançarem objetivos. Foi com esse propósito que criei o programa *Vem ser S/A* em meu canal do YouTube, no qual recebi grandes nomes do empreendedorismo para compartilharem histórias, desafios e soluções práticas. A repercussão foi tão positiva que decidi levar essas lições para o papel, dando origem à série de livros *Vem ser S/A: lições de empreendedores de sucesso*.

[91] NISKIER, C.; XAVIER, I. de M.; DINIZ, J. **Cenários da educação superior brasileira no contexto da covid-19**: impactos e transformações. Brasília: ABMES Editora, 2020.

O primeiro volume da série, lançado em 2020, reúne relatos de empreendedores que transformaram adversidades em histórias inspiradoras. Por meio das entrevistas transcritas do programa, cada capítulo apresenta soluções inovadoras e práticas para quem deseja se destacar no mundo dos negócios. É um convite para mergulhar na trajetória de nomes como Wesley Safadão, Pedro Lima e Ronaldinho Gaúcho, que mostram, na prática, como a persistência, o foco e a determinação podem levar ao sucesso.

No segundo volume, lançado também em 2020, expandi as histórias apresentando trajetórias de empreendedores nacionais e internacionais que deixaram marcas significativas no mercado. Com muitos aprendizados extraídos das conversas com figuras como Cândido Pinheiro, Antônio Camarotti e Lírio Parisotto, esse livro traz insights valiosos para quem busca evolução pessoal e profissional, inspirando tanto os que estão começando quanto aqueles que já têm uma longa jornada no mundo empresarial.

No terceiro volume, também publicado em 2020, reforço a ideia de que o sucesso não vem de fórmulas prontas, e sim de trabalho árduo, resiliência e inovação. Com histórias de gigantes como Guilherme Benchimol, André Esteves, Nina Silva e Sandro Magaldi, esse livro é um guia repleto de exemplos práticos de superação, inovação e estratégias para conquistar novos horizontes.

A série reflete minha crença de que o conhecimento compartilhado é capaz de transformar vidas. Ao longo desses três volumes, espero que você encontre inspiração e ferramentas para construir sua própria história de sucesso, aprendendo com os melhores e aplicando as lições em seu dia a dia.

> Aprender com quem já passou pelo que os novos empreendedores vão passar é fundamental para evitar erros de principiantes. A experiência deles mostra o que não é ensinado em sala de aula, mas sim o que é aprendido apenas com a prática. A isso chamamos de modelagem. Muitas pessoas acreditam que eu tive sorte na vida, mas eu quero perguntar para vocês: o que é sorte? Afinal, se partirmos para a definição lógica, a sorte está ligada ao destino, ao acaso, à sina ou à coincidência. Entretanto eu vou mais além. Tenho plena convicção de que a sorte é a conjugação de conhecimento, habilidades, competências, muito trabalho, não desperdício de oportunidades e iluminação divina. Isso porque, desde muito jovem, aprendi que, para conseguir realizar os meus sonhos, eu precisaria ser determinado, persistente e até obstinado. Apenas desejar alguma coisa não seria o suficiente.[92]

Minha jornada como mentor tem sido uma experiência profundamente enriquecedora, permitindo-me impactar a vida de inúmeros empreendedores obstinados em transformar negócios e alcançar novos patamares de sucesso. Foi com esse propósito que nasceram os dois volumes de *Million business network: mentorando vidas de empreendedores obstinados*, que registram as lições e as conquistas que emergiram dessa mentoria.

No primeiro volume, publicado em 2023, apresento histórias de participantes do MBN, destacando como aplicaram os

92 DINIZ, J. (coord.). **Vem ser S/A**: lições de empreendedores de sucesso. São Paulo: Novo Século, 2022. v. 3.

aprendizados da mentoria para transformar as próprias realidades empresariais. Adriana Duarte, por exemplo, conseguiu implementar processos que levaram a um crescimento expressivo no faturamento e na gestão da equipe. Já Jomail dos Santos Silva, CEO do Grupo Josymix, revisou a abordagem de negócios, passando a focar escalabilidade e estratégias de investimento. Cada capítulo reflete o impacto direto do MBN, servindo como um guia prático para empreendedores em busca de evolução nas mais diversas áreas.

Com o sucesso do primeiro livro, senti a necessidade de ampliar esse legado, resultando no lançamento do segundo volume, em 2024. Nessa edição, reuni 34 artigos escritos por 34 mentes empreendedoras obstinadas que acreditam, assim como eu, no poder do networking como uma ferramenta essencial para o sucesso. Muitos desses empreendedores seguem sendo mentorados por mim, fortalecendo ainda mais a troca de aprendizados e experiências. Além de dicas práticas, o livro oferece relatos reais que desafiam e inspiram os leitores a cultivar um mindset arrojado e resiliente.

Ambos os volumes têm um objetivo comum: servir como um guia para empreendedores comprometidos com o crescimento. Seja você um iniciante, seja alguém com uma longa trajetória, encontrará

nessas páginas insights valiosos e motivação para levar seus negócios e sua vida a outro nível. Afinal, sucesso é resultado de aprendizado constante, estratégias bem-definidas e da coragem de transformar desafios em oportunidades.

Explorando a mentalidade de riqueza

Ao longo da vida, percebi que a prosperidade não é apenas um destino, mas também uma jornada repleta de desafios, aprendizados e decisões. Foi com essa perspectiva que escrevi *Axiomas da prosperidade*, publicado em 2019, um guia para aqueles momentos em que a caminhada parece incerta ou sem direção.

O livro reúne 324 axiomas que encapsulam sabedoria prática e reflexões profundas, abrangendo todas as dimensões da vida: pessoal, profissional e espiritual. Cada frase é acompanhada de insights que convidam o leitor a transformar o cotidiano em uma experiência contínua de aprendizado, ajudando a manter o foco e a motivação, mesmo diante das adversidades. Mais do que uma coletânea de pensamentos, é uma ferramenta para iluminar o caminho rumo ao sucesso. Cada princípio foi desenhado para inspirar e guiar, trazendo clareza e propósito em momentos de dúvida ou decisão.

1. Se você quiser chegar à prosperidade, modele-se àqueles que já a adquiriram. Se alguém só anda com viciados, dificilmente deixará de ser um.

2. Um grande sinal de inteligência é procurar conhecer a si mesmo; eis que a maior sabedoria que existe é conhecer a si próprio, muito mais do que conhecer os outros.
3. Além de aprender, procure praticar, pois tão importante quanto aprender é colocar em prática o que se aprende.
4. Fuja da doença ou patologia da vitimização, do miseralismo, do sem sortismo ou do coitadismo.
5. O caminho do triunfo e da prosperidade não é um passeio no bosque. Muito mais que isso, consiste em uma viagem a pé, em dia de temporal, em estrada montanhosa, cheia de pedregulhos e ervas daninhas.
6. Para alcançar o topo você não pode desperdiçar as oportunidades que surgirão em sua vida. Entretanto, elas sempre aparecem disfarçadas em nossa frente.

Mentalidade de riqueza, publicado em 2023, é um livro que revela os passos fundamentais para conquistar a verdadeira prosperidade. Nele, afirmo que transformar a mentalidade é o primeiro e mais importante passo. Isso exige reconhecer o ponto de partida, entender as próprias emoções e pensamentos e aprender a controlá-los. Com foco, flexibilidade e força interior, é possível enfrentar os desafios inevitáveis do caminho, mantendo a direção rumo aos objetivos.

Outro ponto essencial para sustentar essa mudança é construir uma rede de apoio sólida e cultivar uma mentalidade positiva. Pessoas que acreditam em você e em seu propósito tornam o processo mais leve e ajudam a superar os obstáculos

Sempre afirmo que empreender é mais do que apenas um ato; é uma jornada que combina técnica, criatividade e determinação. Em *A arte de empreender*, publicado em 2019, exploro a essência do empreendedorismo no Brasil, um setor vibrante e dinâmico que reúne milhões de empreendedores, cada um contribuindo para a transformação econômica e social do país.

Para muitos, empreender é uma arte; para outros, uma técnica. Em minha visão, é uma mistura de ambos, com um elemento essencial: o conhecimento. Ao longo do livro, compartilho os conceitos e as práticas que desenvolvi em minha trajetória, desde a criação de empresas até a negociação com diferentes públicos. Cada capítulo traz lições práticas e histórias reais que ajudam a entender o processo empreendedor de maneira clara e pragmática.

Meu objetivo com essa obra é inspirar e orientar aqueles que desejam transformar ideias em negócios sólidos e sustentáveis. Por meio de casos de sucesso e insights valiosos, mostro que, com conhecimento e uma mentalidade empreendedora, é possível superar desafios, construir empresas de impacto e contribuir para um futuro promissor.

Desse modo, o livro é tanto um relato de minha trajetória quanto um guia prático para aqueles que desejam mudar de vida. Meu objetivo é mostrar que a riqueza não é apenas financeira; ela é resultado de uma mentalidade alinhada com propósitos claros, disciplina e determinação.

Acredito que a verdadeira riqueza vai muito além do dinheiro. Ela envolve saúde, propósito, família e relacionamentos, compondo uma vida plena e significativa. Em *O código secreto da riqueza*, publicado em 2021, compartilho as doze chaves que transformaram minha vida e que podem transformar a sua.

As chaves são um método prático e poderoso. Tudo começa com a decisão de mudar e programar a mente para o sucesso. Sonhar grande, ser resiliente e adquirir conhecimento são passos fundamentais, assim como modelar exemplos de sucesso e trabalhar com dedicação. Além disso, construir um networking sólido, manter uma mentalidade otimista, inovar, empreender e investir são atitudes indispensáveis para trilhar esse caminho.

Esses pilares moldaram minha trajetória e me mostraram que a prosperidade é resultado de esforço, foco e determinação. Cada uma dessas chaves é uma ferramenta para desbloquear novas possibilidades e alcançar uma vida que esteja em equilíbrio com seus valores e sonhos mais ambiciosos.

> Acordar todos os dias é como ouvir Deus dizendo: "Bom dia, comece, recomece, aja, trabalhe, lute, brigue, corra, rasteje, grite, mas vá adiante. Enfrente, vá em frente, sempre avante, porque eu estarei ao seu lado". Então, ao acordar, pense em cada um dos seus objetivos diários, em cada um dos seus sonhos e propósitos de vida e grite em alto e bom som: "Hoje eu vou começar a conquistar todos vocês, vou realizar meus sonhos, pôr em prática meus projetos e implementar meus propósitos de vida". Levante-se rapidamente e comece a agir porque "viver é agir constantemente" (Anatole France), e, como disse o físico Albert Einstein em

> carta ao filho Eduard, "a vida é como andar de bicicleta. Para manter o equilíbrio é preciso se manter em movimento".[93]

O propósito do livro é claro: inspirar e capacitar você a construir uma vida próspera e completa, aplicando as mesmas estratégias que me ajudaram a realizar meus maiores objetivos. Ao seguir esse método, você poderá transformar desafios em oportunidades, alcançar seus sonhos e viver com plenitude.

Minha intenção com essas publicações foi oferecer um mapa claro e acessível para que qualquer pessoa possa alcançar uma vida mais plena e significativa. Elas demonstram minha crença de que o verdadeiro sucesso não está apenas na conquista material, mas também na habilidade de viver com propósito e equilíbrio.

Obstinação e resiliência

Minha filosofia de vida é marcada pela obstinação, e isso se reflete em *Dialeto dos obstinados*

---

[93] DINIZ, J. **O código secreto da riqueza**: as 12 chaves que lhe trarão sucesso, prosperidade e riqueza financeira. São Paulo: Editora Gente, 2021.

e *Seja um fodido obstinado* (2022). Essas obras são um convite para que os leitores enfrentem os desafios da vida com coragem e determinação. Em *Dialeto dos obstinados*, exploro os comportamentos e as crenças que diferenciam aqueles que persistem nos objetivos, mesmo diante das maiores adversidades. O livro apresenta um glossário de palavras e expressões cuidadosamente selecionadas para inspirar e fortalecer a mentalidade de sucesso e perseverança. A proposta é ser um guia prático para quem busca alcançar objetivos ambiciosos e prosperar tanto no âmbito pessoal quanto no profissional.

A obra destaca a importância de manter uma motivação contínua e de cultivar uma atitude resiliente frente diante dos desafios. Com uma linguagem acessível e objetiva, *Dialeto dos obstinados* facilita a aplicação imediata dos conceitos apresentados, tornando-se uma ferramenta indispensável para todos que desejam adotar uma postura obstinada e positiva. Minha intenção com o livro foi oferecer um recurso prático que inspira e motiva leitores a ultrapassarem barreiras, transformando sonhos em conquistas.

Em *Seja um fodido obstinado*, apresento o caminho das pedras para que o leitor não se torne vítima das circunstâncias, blinde-se das adversidades e se mantenha firme na busca pelos objetivos. A obra é um guia para todos que desejam conquistar sonhos, independentemente das dificuldades que enfrentem. Minha intenção foi inspirar leitores a acreditarem no poder da persistência e a abraçar a própria jornada com determinação inabalável.

Grande parte das pessoas que encontro, e que não têm sucesso, pecam por algumas das situações que vou listar a seguir [...]: Ausência de teimosia positiva que o mantenha sempre dando o próximo passo, ainda que as condições sejam desfavoráveis. Sem essa característica, o profissional normalmente não insiste em seus objetivos até eles darem certo;

Incapacidade de suportar as provações quando é especialmente desafiado e duramente exigido por longos períodos, o que o leva a desistir de tudo;

Crença de que não é capaz de vencer e que o sucesso e a riqueza são reservados a poucos privilegiados. Acredita, ainda, que para que alguém possa ganhar, outros precisam perder. Diante dessa suposta competição eliminatória, deixa de acreditar em si mesmo, desanima, acomoda-se, não age, não estuda, não evolui, não luta e coloca seus sonhos a perder [...].[94]

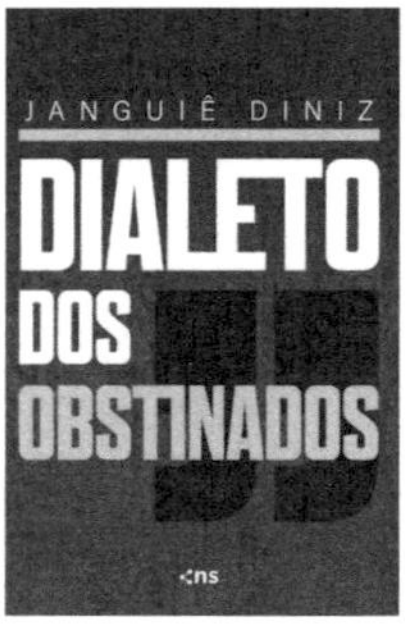

Desista de desistir (2022) complementa essa mensagem, oferecendo um olhar mais profundo sobre a importância da resiliência. O livro é um guia para transformar fracassos em aprendizado e

[94] DINIZ, J. **Seja um fodido obstinado**: como transformar seu sonho em projeto de vida e tornar-se um autêntico empreendedor que cria riquezas! São Paulo: Gente, 2022.

obstáculos em oportunidades. Compartilho estratégias para cultivar uma mentalidade que não apenas suporta os desafios, mas os utiliza como trampolins para o crescimento pessoal e profissional.

Essas obras expressam minha crença de que a obstinação, quando aliada à resiliência, é uma força poderosa para superar qualquer barreira. Minha intenção ao escrevê-las foi inspirar leitores a encontrar força na jornada, ajudando-os a persistir em busca dos próprios sonhos e a transformar dificuldades em realizações.

Gerenciando emoções

Em *Gerencie o seu emocional* (2023), apresento técnicas práticas para identificar e regular as emoções, ajudando os leitores a enfrentarem situações estressantes com equilíbrio. O livro propõe um método passo a passo para fortalecer a resiliência emocional e melhorar os relacionamentos interpessoais.

Já em *Neuroconexões* (2024), compartilho, junto a meu amigo Stanley Bittar, minha visão sobre como as inteligências emocional e social podem impactar o sucesso. A obra explora a interconexão entre essas duas formas de inteligência e como elas promovem prosperidade e riqueza. Analiso também como nossas interações

sociais e emocionais moldam as decisões e os resultados, tanto na vida pessoal quanto na profissional, propondo estratégias para criar conexões genuínas e cultivar relacionamentos produtivos e harmoniosos.

O objetivo dessas obras foi fornecer ferramentas acessíveis para o desenvolvimento de habilidades emocionais, fundamentais para uma vida plena. Acredito que a inteligência social, que surge da inteligência emocional, é um pilar essencial para alcançar o sucesso, e elas refletem meu compromisso em ajudar as pessoas a se tornarem mais conscientes e equilibradas.

Modelagem e sucesso

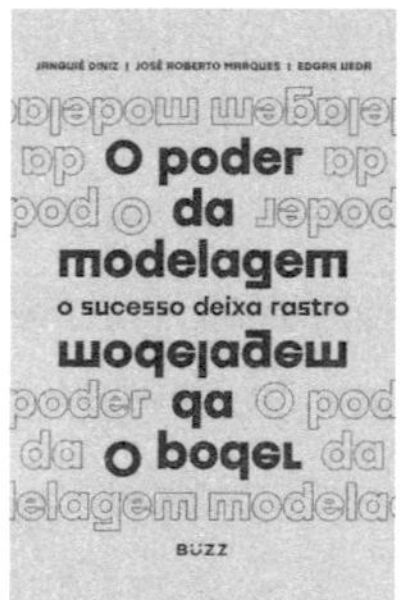

Em *O poder da modelagem: o sucesso deixa rastro* (2022), apresento uma abordagem prática e inspiradora para quem deseja acelerar a trajetória rumo ao sucesso. Essa obra explora como aprender com aqueles que já trilharam caminhos vitoriosos pode encurtar a jornada para alcançar nossos próprios objetivos.

O conceito central é que o sucesso deixa pistas claras que podem ser seguidas por quem está disposto a aprender. No livro, compartilho histórias reais e estratégias comprovadas que mostram como observar, adaptar e aplicar os métodos de pessoas bem-sucedidas pode fazer toda a diferença. A modelagem é uma ferramenta poderosa para aqueles que desejam transformar sonhos em realidade ao se inspirarem em exemplos concretos e replicarem abordagens eficazes.

Minha intenção foi oferecer um guia prático que motive os leitores a reconhecerem que não precisam reinventar a roda, pois podem aprender com quem já obteve resultados significativos. O livro é um lembrete de que o sucesso não é um destino inalcançável; é uma jornada que pode ser encurtada com as lições e inspirações certas.

Um legado de palavras

Cada livro que publiquei é mais do que um conjunto de páginas; é um pedaço de minha essência, um reflexo de minhas convicções, lutas e aprendizagens. São obras que nascem do desejo genuíno de compartilhar o que aprendi ao longo da vida, oferecendo aos leitores não apenas ferramentas práticas, mas também inspiração para enfrentar os próprios desafios e construir histórias de sucesso.

Escrever, para mim, é uma forma de diálogo com o mundo. Pelas palavras, posso alcançar pessoas de diferentes lugares e realidades, ajudando-as a enxergar que o potencial para a transformação está dentro de cada um. Em todo livro, busco imprimir, além de ideias e estratégias, o compromisso com o desenvolvimento humano, com a educação e com o crescimento coletivo.

Quando penso em minha trajetória como autor, percebo que cada obra carrega um pedaço de meu propósito de vida: estimular pessoas a acreditarem em si mesmas, a buscarem o conhecimento e a se tornarem agentes de mudança nas comunidades das quais fazem parte. Essa jornada literária tem sido uma das maneiras mais impactantes de contribuir para um mundo mais justo, ético e próspero.

Enquanto houver algo a ser dito, continuarei nessa missão. Escrever me conecta com minha própria humanidade e com a dos outros, e acredito firmemente no poder transformador das palavras. Elas podem romper barreiras, inspirar mudanças e construir pontes para um futuro melhor.

Por isso, cada livro que lanço não é um produto, e sim um legado. É uma promessa de que, mesmo diante das adversidades, a perseverança, o aprendizado e a colaboração podem nos levar a patamares inimagináveis. Enquanto houver leitores que busquem crescer e enquanto eu tiver histórias e lições para compartilhar, continuarei a escrever, porque acredito que o verdadeiro impacto de nossas vidas está em como escolhemos influenciar positivamente a vida dos outros.

CAPÍTULO 15
Origem da JD Business Academy

> **A melhor maneira de começar alguma coisa**
> **é parar de falar e dar o primeiro passo.**
>
> *Walt Disney*[95]

Sempre fui um homem inquieto. Um inconformado compulsivo – patologicamente inconformado e compulsivo. Desde cedo, aprendi a buscar soluções para os desafios que a vida colocava diante de mim. Foi essa inquietude que me guiou desde meus primeiros passos como engraxate até chegar ao mundo dos negócios.

Em 2021, já tendo alcançado muitos de meus objetivos empresariais, percebi que havia algo a mais que eu poderia oferecer

95 Frase comumente atribuída ao grande empreendedor e cineasta estadunidense Walt Disney (1901-1966).

à sociedade. Algo além de simplesmente liderar grandes empresas ou atuar no cenário educacional. Nascia, então, a JD (Janguiê Diniz) Business Academy, uma escola de negócios focada em transformar vidas, assim como a minha foi transformada.

A JD Business Academy, no entanto, não surgiu de um plano bem desenhado ou de uma visão clara desde o início. Como muitos de meus projetos, ela nasceu da observação e de uma necessidade identificada em minha própria jornada. Tudo começou com *O código secreto da riqueza* (2021), um livro que escrevi com o intuito de compartilhar as lições que me levaram de uma infância humilde até o sucesso empresarial. A ideia para o livro já estava em minha mente há algum tempo, mas foi só em 2021 que decidi colocá-la no papel.

Eu me lembro vividamente do dia em que mostrei o manuscrito pela primeira vez. Era um caderno grosso, com anotações que eu vinha acumulando ao longo de anos de experiência. Quando compartilhei o conteúdo com minha equipe, composta de pessoas de confiança, vi nos olhos deles o brilho de quem percebe que algo grande está por vir. Foi naquele momento que senti a magnitude do que estava sendo criado. Não se tratava apenas de um livro; eu estava construindo uma metodologia prática e poderosa para ajudar outros a alcançarem o sucesso, assim como eu o fiz.

Naquele mesmo período, estávamos envolvidos com o Instituto Êxito de Empreendedorismo, um projeto que sempre me encantou pela missão de fomentar a educação empreendedora. Ver os jovens e adultos, muitos deles em situações semelhantes à minha, beneficiando-se do conhecimento que compartilhávamos, reforçava ainda mais a importância de criar algo que fosse além de uma simples obra literária. A JD Business Academy começou a tomar forma ali, no coração da iniciativa do Instituto Êxito de Empreendedorismo.

Três dias para mudar

O lançamento do método Código Secreto da Riqueza (CSR) foi o marco inicial. Realizamos um grande evento, no qual sorteamos vinte pessoas para participarem da primeira imersão. Essa experiência foi transformadora não só para os participantes, mas também para mim. Era uma imersão de três dias, em que compartilhei tudo o que havia aprendido sobre ressignificação de vida, modelagem, networking, trabalho com propósito, empreendedorismo e investimentos. Mas não parei por aí. Ao final do evento, já estávamos pensando em como expandir esse impacto.

Eu sou um homem que acredita no poder da prática. Sempre fui muito envolvido em tudo o que faço, e com a JD Business Academy não foi diferente. Não era apenas uma questão de idealizar uma metodologia ou de delegar tarefas. Eu estava lá, em cada detalhe, acompanhando de perto o desenvolvimento de cada ferramenta, de cada dinâmica. E essa minha participação direta foi essencial para o sucesso do projeto.

Quando começamos a fazer as imersões do CSR, percebi algo interessante: as pessoas queriam mais do que uma experiência de três dias. Elas queriam uma mentoria contínua, um acompanhamento personalizado. Foi assim que surgiu o conceito da JD Business Academy. Inicialmente, criamos o Movimento Obstinados, um programa de mentoria social focado em ajudar pessoas e empresários a transformar vidas e escalar negócios. Contudo, conforme o interesse crescia, ficou claro que precisávamos de algo maior.

Um dos momentos decisivos para a criação da JD Business Academy foi quando comecei a receber relatos de participantes que haviam transformado vidas e empresas com base no que aprenderam nas imersões e mentorias. Muitos relataram que, após o evento, passaram a enxergar os negócios de modo diferente. Empresas que estavam estagnadas começaram a crescer, pessoas que nunca tinham empreendido abriram os próprios negócios e aquelas que já estavam no mercado há anos encontraram novas maneiras de expandir as operações.

Eu me dediquei profundamente ao desenvolvimento desse novo programa, passando trinta dias imerso em estudos e pesquisas para garantir que o conteúdo oferecido estivesse à altura das expectativas.

Um aspecto que sempre me orgulhou na JD Business Academy é o fato de que todos os programas são baseados na prática. Não nos limitamos a teorias ou conceitos abstratos. Cada participante sai de nossas imersões e mentorias com ferramentas práticas, aplicáveis imediatamente nos negócios e na vida. Essa abordagem prática é, sem dúvida, um dos grandes diferenciais da JD Business Academy em relação a outras escolas de negócios.

Ao longo do tempo, a JD Business Academy cresceu exponencialmente. Hoje, temos uma equipe de trinta colaboradores e uma estrutura organizacional sólida. Seguimos os mesmos princípios que aplico em minhas empresas, sempre buscando a excelência e a inovação. Além disso, criamos um ecossistema de negócios no qual muitos de nossos participantes encontram oportunidades de colaboração e parcerias.

Lembro-me de um caso específico que ilustra bem o impacto da JD Business Academy. Um de nossos mentorandos, Anderson, entrou na mentoria com uma empresa de médio porte. Após participar das imersões e aplicar os conceitos, inicialmente do CSR e depois do CSE, ele conseguiu expandir o negócio para uma holding com mais de dez empresas. Hoje, ele é um exemplo de como o conhecimento aplicado na prática pode transformar vidas.

Outro exemplo é o da empreendedora obstinada Adriana Duarte, que começou como participante das imersões Código Secreto da Riqueza (CSR) e, depois, Código Secreto da Empresa (CSE). Hoje, ela possui diversos empreendimentos empresariais. São histórias como essas que me fazem acreditar ainda mais na missão da JD Business Academy: transformar pessoas e negócios por meio do conhecimento prático e da vivência real.

A JD Business Academy, para mim, sempre foi mais do que uma escola de negócios. Ela é uma extensão do que acredito ser o papel do empreendedor na sociedade: criar valor, não só em termos financeiros, mas também no desenvolvimento humano. Sempre digo que nossa missão vai além de ensinar a respeito de negócios; nossa missão é transformar vidas. E é exatamente isso que vejo acontecer todos os dias com os participantes de nossos programas.

Hoje, a JD Business Academy é uma referência no Brasil, e eu não poderia estar mais orgulhoso do que construímos até agora. Mas, como sempre, não me deixo acomodar pelos resultados. A empresa continua em plena fase de expansão, e novos desafios surgem a cada dia. Estamos sempre criando produtos, mentorias e imersões para atender às demandas do mercado e, principalmente, proporcionar uma educação empreendedora que seja verdadeiramente transformadora.

O que diferencia a JD Business Academy de outras instituições, no entanto, não são apenas os produtos ou os eventos que oferecemos. O diferencial está em nossa abordagem centrada nas pessoas. Para mim, a essência de uma empresa de sucesso está no capital humano.

Acredito que, antes de transformar negócios, precisamos transformar as pessoas. Ao longo dos anos, vi com meus próprios olhos como o desenvolvimento das competências socioemocionais pode fazer uma diferença gigantesca no desempenho de um empresário. Isso vai além das habilidades técnicas; trata-se de desenvolver as habilidades socioemocionais, como resiliência, determinação, autoconfiança e, principalmente, a capacidade de sonhar grande.

Sempre fui fiel a mim mesmo, e isso se reflete na maneira como lidero a JD Business Academy. Nunca me limitei a ser um empresário de palco, alguém que apenas fala sobre sucesso. Sempre fiz questão de estar presente, de ser autêntico em todas as minhas interações, seja em grandes eventos, seja em conversas informais com os mentorandos.

Acredito que essa autenticidade é o que me diferencia e o que, consequentemente, diferencia a JD Business Academy. As pessoas percebem que o que oferecemos é real, que nosso conteúdo não é apenas teórico, é vivido e aplicado diariamente em nossa vida e em nossos negócios.

Outro ponto fundamental é a humildade intelectual que procuro cultivar em mim e nas pessoas que trabalham comigo. Apesar de todos os resultados que já alcancei, sempre me mantenho aberto a aprender. E faço questão de trazer, para os programas da JD Business Academy, especialistas que complementem meu conhecimento. Nunca pretendi saber tudo, e isso me dá a liberdade de estar constantemente aprendendo com aqueles a meu redor. Essa postura também inspira os participantes, que percebem que o caminho do sucesso é uma jornada contínua de aprendizado e evolução.

Ao longo do tempo, construímos um verdadeiro ecossistema dentro da JD Business Academy. Os participantes de nossas imersões e mentorias se beneficiam do conteúdo que oferecemos, assim como se conectam uns com os outros, criando redes de negócios e oportunidades de parcerias. Muitos dos negócios que surgiram a partir da empresa são fruto dessas conexões.

O ambiente colaborativo que criamos é um dos maiores legados de nossa escola de negócios. Empresas que começaram pequenas hoje são grandes players no mercado, e parte desse crescimento se deve ao apoio mútuo que os empresários encontram dentro de nosso ecossistema.

E não para por aí. A JD Business Academy está sempre evoluindo. Recentemente, começamos a desenvolver novos cursos, imersões e mentorias que vão além do que já oferecemos. Estamos trazendo especialistas em diversas áreas para criar programas ainda mais robustos. Um exemplo disso é o curso de formação de conselheiros, no qual empresários poderão aprender a se preparar para ocupar cadeiras em conselhos administrativos e consultivos, algo que considero essencial para o crescimento de qualquer empresa.

Outro projeto que me empolga muito é o desenvolvimento de programas voltados para a cultura organizacional. Ao longo dos anos, percebi que o sucesso de uma empresa depende diretamente da cultura que ela constrói. Empresas que cultivam uma cultura forte, alinhada aos próprios valores e objetivos, são as que prosperam no longo prazo. Na JD Business Academy, queremos ajudar empresários a construírem culturas organizacionais sólidas, que sirvam de base para o crescimento sustentável dos negócios.

Um dos aspectos que mais me emocionam em tudo o que construímos até agora é ver como as pessoas que trabalham comigo também têm a vida transformada. Luciane Macieira, que começou como colaboradora e parceira e hoje ocupa uma posição de liderança na JD Business Academy e em outras empresas, é um exemplo disso. Ao longo dos anos, ela absorveu tudo que ensinamos e aplicou na prática, tanto na vida pessoal quanto na carreira. Ela é um case que demonstra o impacto que podemos causar quando combinamos conhecimento com prática e paixão.

Eu sempre digo que as pessoas que estão a meu redor precisam estar dispostas a crescer, a se expandir. Não há como estar perto de mim, participar da JD Business Academy, e não evoluir. O ambiente que criamos é feito para potencializar as habilidades de cada um, e isso se reflete tanto na vida de nossos colaboradores quanto na de nossos mentorandos. Todos são incentivados a sair da zona de conforto, a sonhar grande e, mais importante, a agir para realizar esses sonhos.

Eu acredito que o sucesso só é real quando compartilhado. Por isso, continuarei dedicando meu tempo, minha energia e meu conhecimento para ajudar outros empresários a alcançarem os próprios sonhos. A JD Business Academy é a materialização desse desejo de compartilhar, de transformar, de inspirar. E eu sei que, juntos, ainda vamos alcançar muito mais, porque somos obstinados. Sejam obstinados, que dá!

Janguiê Diniz e o time da JD Business Academy.
Fonte: arquivo pessoal.

CAPÍTULO 16
Reflexões pessoais e planos futuros

> **Devemos crer que somos dotados de alguma coisa, e que essa coisa, deve ser atingida a qualquer custo.**
>
> *Marie Curie*[96]

Ao olhar para os últimos dez anos de minha vida, vejo uma trajetória marcada por inúmeros desafios e adversidades que moldaram o homem que sou hoje, mas, sobretudo, por grandes conquistas. Foi uma década de transformações profundas não só no âmbito profissional, mas também no pessoal. Acredito que todo ser humano, ao atingir certa maturidade, começa a enxergar a vida por um prisma diferente, com mais clareza e profundidade. E assim foi para mim.

---

96 Frase comumente atribuída à física e química polonesa Marie Curie (1867-1934).

Durante esses anos, vivi experiências que me ensinaram muito sobre a importância da inteligência emocional e social, do equilíbrio, da tolerância, da capacidade de aprender com os erros, enfim, da resiliência. Aprendi que a vida, com as adversidades que oferece, não nos entrega vitórias prontas; ela exige esforço, sacrifício e, muitas vezes, nos testa para saber até onde estamos dispostos a ir em busca de nossos sonhos. Para mim, a educação sempre foi o alicerce dessa jornada. E, ao longo dessa última década, tive a confirmação de que a educação transformadora é o verdadeiro caminho para criar impacto positivo na sociedade.

Quando fundei o Instituto Êxito de Empreendedorismo, minha intenção era clara: oferecer educação empreendedora àqueles que, muitas vezes, não acreditam em si mesmos, além de não terem acesso a recursos ou ferramentas para desenvolver o verdadeiro potencial. Acredito profundamente que o conhecimento é a base de qualquer transformação, seja pessoal, seja social. E uma coisa que aprendi nesse processo é que o conhecimento, por si só, não basta. É preciso que ele seja compartilhado, incentivado e, sobretudo, aplicado com um propósito claro e definido. Com base em meus ensinamentos e nos ensinamentos dos que fazem o Instituto Êxito, vi jovens, antes desacreditados, tornarem-se empreendedores bem-sucedidos, mudando vidas e comunidades, e isso é, sem dúvida, uma das maiores realizações de minha vida.

Aprendizados da última década

Um dos grandes aprendizados dessa última década foi a capacidade de me reinventar. O mundo a nosso redor está em constante mudança. As tecnologias avançam, especialmente a inteligência artificial e a automação, as demandas do mercado se transformam e, como educadores e empreendedores, precisamos estar preparados para nos adaptar. Aprendi que a tolerância e a flexibilidade são algumas das maiores qualidades que podemos desenvolver. Não se trata de somente reagir às mudanças, mas também de estar à frente delas, antecipando movimentos e se posicionando de maneira estratégica para enfrentar o novo.

Essa capacidade de adaptação ficou ainda mais evidente durante momentos de crise. Ao longo desses anos, enfrentamos desafios econômicos, políticos e sociais que impactaram diretamente o setor educacional. Houve momentos em que a dúvida pairava sobre o futuro, e foi nesses momentos que a resiliência e até a antifragilidade se mostraram essenciais. A capacidade de continuar acreditando, mesmo quando as circunstâncias eram adversas, foi um dos maiores aprendizados que essa década me proporcionou.

Outra lição que levo comigo é a importância das parcerias. Nenhuma trajetória de sucesso é construída sozinha. Ninguém constrói coisas extraordinárias sozinho. Nos últimos anos, tive o privilégio de trabalhar ao lado de pessoas brilhantes, tanto no Instituto Êxito quanto nas diversas empresas e nos projetos em que estou envolvido. Esses relacionamentos me ensinaram que o verdadeiro sucesso vem quando há união de propósito e colaboração profunda. É preciso saber confiar nas pessoas, delegar e aprender com elas. As melhores ideias que executei vieram de discussões, trocas de experiências e da soma de diferentes perspectivas.

E talvez o mais importante: entendi que sucesso não é apenas acumular bens ou atingir metas financeiras. O verdadeiro sucesso, para mim, está na capacidade de deixar um legado. Olho para trás e vejo quantas vidas foram impactadas pelo trabalho que fizemos no Instituto Êxito, quantos jovens ganharam novas perspectivas de vida. Isso me faz perceber que, no final das contas, o que importa de verdade é o impacto que causamos no mundo e nas pessoas ao redor.

Planos e objetivos para o futuro

Os próximos anos reservam grandes desafios, assim como grandes oportunidades. Sou um homem que vive com propósito, pois viver com propósito é realmente viver. Sem ele, apenas existimos, sobrevivemos ou passamos pela vida sem direção. Tenho propósitos empresariais, sociais e pessoais, e ao longo da próxima década pretendo realizar muitos deles.

No âmbito empresarial, almejo acelerar, como sócio, pelo menos mais dez empresas, com o objetivo de torná-las bilionárias.

Em minha jornada pessoal, pretendo escrever, ao longo dos próximos dez anos, pelo menos dez livros que impactarão positivamente milhares de vidas. Além disso, meu propósito é ajudar milhares de empresários a adotarem a mentalidade de abundância, crescimento e riqueza, que chamo de mentalidade empreendedora e obstinada, por meio das imersões Código Secreto da Riqueza (CSR) e Código Secreto da Empresa (CSE). Também, com minha mentoria de alta performance empresarial, a Million Business Network (MBN), buscarei ajudar empreendedores a escalarem empresas e torná-las multimilionárias e até bilionárias.

Um de meus objetivos sociais é expandir ainda mais o alcance do Instituto Êxito de Empreendedorismo. Acredito que podemos levar nossa mensagem sobre educação empreendedora e empreendedorismo para mais lugares, especialmente nas periferias e áreas mais carentes do Brasil. O país é repleto de talentos, que muitas vezes são sufocados pela falta de mentalidade de crescimento, crença na meritocracia e escassez de oportunidades. Quero ser um agente de transformação, promovendo educação empreendedora nessas regiões e contribuindo para um país mais justo e inclusivo.

Estou também comprometido com a inovação no campo educacional, especialmente por meio da tecnologia e da inteligência artificial. Nos últimos anos, o crescimento das *edtechs* e a digitalização do ensino mostraram o caminho, mas isso é apenas o começo. Quero investir em plataformas que tornem a educação acessível a todos, independentemente da localização ou da condição financeira, e acredito que o futuro da educação será híbrido, integrando o digital e o presencial de modo complementar.

Além disso, desejo focar o empreendedorismo social, que acredito ser o próximo grande movimento. É essencial criar soluções inovadoras que não busquem apenas o lucro, mas também a melhoria da sociedade. Quero incentivar mais empreendedores a pensarem dessa maneira, criando negócios sustentáveis financeira, social e ambientalmente, com impacto positivo no mundo.

No âmbito pessoal, continuarei a trabalhar para aprimorar as riquezas mais importantes da vida: saúde, conhecimento, networking, reputação, propósito de vida, espiritualidade, finanças e, sobretudo, a riqueza familiar, algo que prezo profundamente. A experiência dos últimos anos me ensinou o valor inestimável dos momentos com minha amada esposa Sandra, minhas adoradas filhas Elora e Mel e meu extraordinário filho Thales. Quero estar presente em cada novo desafio e conquista deles. A paternidade é uma das maiores fontes de aprendizado e felicidade de minha vida, e pretendo continuar aprendendo com Sandra, Thales, Elora e Mel.

Conselhos para futuros empreendedores e educadores

Se eu puder deixar um conselho para aqueles que estão começando agora, é este: nunca deixem de sonhar, e que seus sonhos sejam grandiosos. Apenas os sonhos grandiosos merecem ser perseguidos, enquanto os pequenos podem ser colhidos facilmente no cotidiano. Sonhos grandes não custam mais do que sonhos pequenos, mas têm um poder transformador imenso. Eu sempre fui movido por sonhos e, mais do que isso, pela crença de que, com trabalho duro, determinação, disciplina, dedicação, compromisso e propósito, eles podem se tornar realidade. Mas não basta sonhar, você tem de transformar seu sonho em um projeto de vida. Ou, melhor, em um propósito de vida. Quando você transforma seu sonho grande em um propósito de vida, ele passa a ser muito caro para você. E aí você envidará quaisquer esforços que sejam necessários para materializá-lo.

Para os empreendedores, digo que o caminho não é fácil. Muitas vezes, ele será solitário, árduo e cheio de incertezas. Mas é nesse caminho que desenvolvemos nosso verdadeiro potencial. Não se trata apenas de ganhar dinheiro ou criar empresas bem-sucedidas, e sim de construir algo que tenha valor para a sociedade. Empreender é, acima de tudo, uma jornada de autoconhecimento e crescimento.

Aos educadores, quero dizer que vocês são os verdadeiros alicerces de um futuro melhor. Cada aula, cada palavra dita em sala de aula, tem o poder de transformar vidas. O impacto que vocês causam vai além do que podem imaginar. A educação é a ferramenta mais poderosa que temos para mudar o mundo, e vocês estão na linha de frente dessa missão.

Finalmente, para todos, deixo um lembrete: nunca parem de aprender. Não se tornem analfabetos alfabetizados, pois os analfabetos do mundo de hoje não são mais aqueles que não sabem ler e escrever, e sim os que não sabem desaprender o que se tornou obsoleto para reaprender o que se tornou importante e necessário.

O mundo está em constante mudança, e aqueles que se mantêm abertos ao aprendizado diuturno e contínuo são os que estarão preparados para enfrentar os desafios que virão. Sejam eternos alunos da vida.

Considerações finais

Concluo este livro com o sentimento de que, apesar de todas as conquistas, ainda há muito por fazer. Minha jornada está longe de terminar, está apenas começando. Cada desafio, cada experiência, me trouxe até aqui, e sou grato por isso. Então, mais do que olhar para o passado, estou animado com o futuro. Tenho sonhos, planos e uma vontade imensa de continuar impactando o mundo de maneira positiva.

Agradeço a todos que me acompanharam como leitores, parceiros, colaboradores, alunos, mentorandos ou amigos. Vocês fazem parte dessa jornada. Sem vocês, nada disso seria possível. Este livro é, de certo modo, uma celebração pela superação de nossas adversidades ao longo dos últimos dez anos, uma comemoração pela realização de nossas conquistas nesse período, assim como um convite para continuarmos juntos nessa caminhada.

O futuro me espera, e eu estou pronto para abraçá-lo. Que venham os próximos dez anos, os desafios vindouros e as subsequentes vitórias, e que possamos, juntos, continuar construindo um legado de impacto, propósito e transformação com muita obstinação, porque é muito simples... Basta firmar o passo, pegar o ritmo e ser obstinado, que dá!

PUBLICAÇÕES DO AUTOR

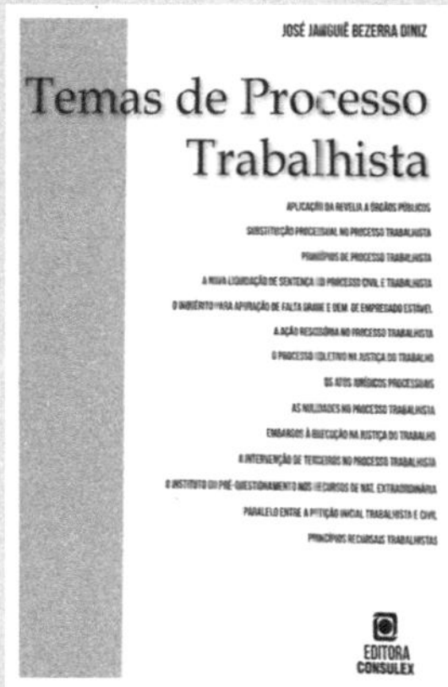

José Janguiê Bezerra Diniz
O Direito e a Justiça do Trabalho diante da Globalização
LTr

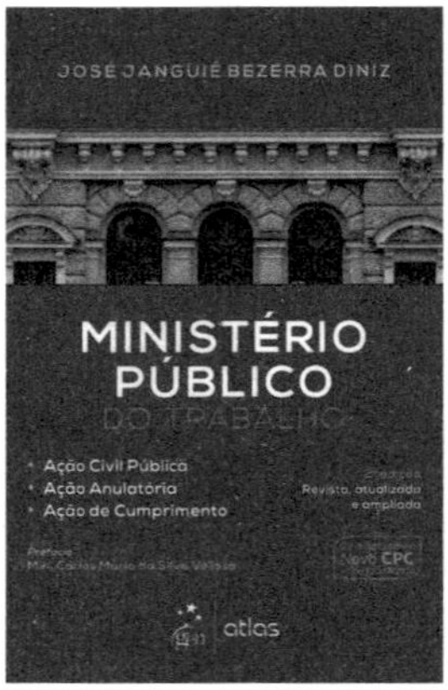
JOSÉ JANGUIÊ BEZERRA DINIZ
MINISTÉRIO PÚBLICO
DO TRABALHO
Ação Civil Pública
Ação Anulatória
Ação de Cumprimento
atlas

JOSÉ JANGUIÊ BEZERRA DINIZ
Atuação do Ministério Público do Trabalho como Árbitro
LTr

EDUCAÇÃO SUPERIOR NO BRASIL
Janguiê Diniz
Segunda Tiragem
Lumen Juris Editora

JANGUIÊ DINIZ
desvelo

Janguiê Diniz
2ª tiragem
Educação na era LULA
Lumen Juris Editora

JANGUIÊ DINIZ
O BRASIL E O MUNDO SOB O OLHAR DE UM BRASILEIRO
Lumen Juris Editora

JANGUIÊ DINIZ
POLÍTICA E ECONOMIA NA CONTEMPORANEIDADE
Lumen Juris Editora

JANGUIÊ DINIZ
Discursos em palavras e pergaminhos
novo século

TRANSFORMANDO SONHOS EM REALIDADE
JANGUIÊ DINIZ
A trajetória do ex-engraxate que chegou à lista da Forbes
novo século

O
BRASIL
DA POLÍTICA
& DA POLITICAGEM
PERSPECTIVAS
& DESAFIOS
JANGUIÊ DINIZ
PREFÁCIO DE RAUL JUNGMANN

JANGUIÊ DINIZ
FALTA DE EDUCAÇÃO GERA
COR
RUP
ÇÃO

JANGUIÊ DINIZ
FÁBRICA DE VENCEDORES
APRENDENDO A SER UM
GIGANTE

JANGUIÊ DINIZ
O SUCESSO É PARA TODOS
MANUAL DO LIVRO
FÁBRICA DE VENCEDORES

JANGUIÊ DINIZ
A ARTE DE
EMPREENDER
Manual do empreendedor e do gestor das empresas de sucesso
Autor do best-seller Transformando sonhos em realidade: a trajetória do ex-engraxate que chegou à lista da Forbes

JANGUIÊ DINIZ
AXIOMAS
DA PROSPERIDADE

Inovação em uma
SOCIEDADE
DISRUPTIVA
Janguiê Diniz

Janguiê Diniz
autor e coordenador
Vem
Ser
S/A
vol. 1
Prefácio de Wesley Safadão
Lições de empreendedores de sucesso

Janguiê Diniz
autor e coordenador
Vem
Ser
S/A
vol. 2
Prefácio de Wesley Safadão
Lições de empreendedores de sucesso

Janguiê Diniz
autor e coordenador
Vem
Ser
S/A
vol. 3
Prefácio de Antonio Carbonari Netto
Guilherme Benchimol
André Esteves
Ari de Sá Neto
José Roberto Marques
Antonio Carbonari Netto
Nina Silva
Sandro Magaldi
Thiago Oliveira
Bruno Guedes
Roman Romancini
Juliano Costa
Mauro Schnaidman
Eduardo Shinyashiki
Edgar Ueda
Lições de empreendedores de sucesso

JANGUIÊ DINIZ
O CÓDIGO SECRETO DA RIQUEZA
AS 12 CHAVES QUE LHE TRARÃO SUCESSO, PROSPERIDADE E RIQUEZA FINANCEIRA
Gente editora

JANGUIÊ DINIZ
MARCOS ALENCAR
DESISTA DE DESISTIR

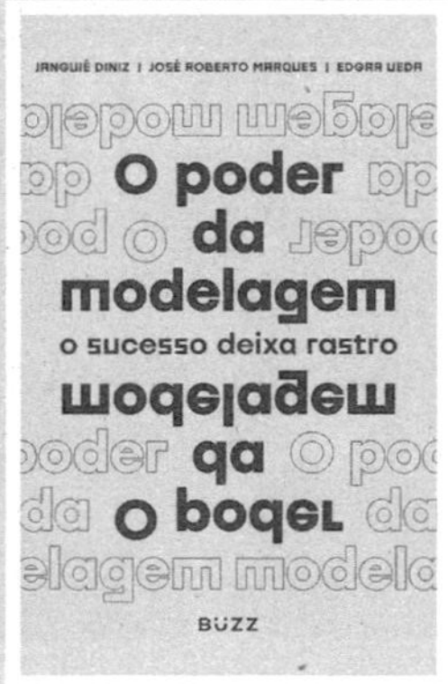
JANGUIÊ DINIZ | JOSÉ ROBERTO MARQUES | EDGAR UEDA
O poder da modelagem
o sucesso deixa rastro
BUZZ

JANGUIÊ DINIZ
PREFÁCIO
CAIO CARNEIRO
SEJA UM FODIDO OBSTINADO
Como transformar seu sonho em projeto de vida e tornar-se um autêntico empreendedor que cria riquezas!
Gente editora

JANGUIÊ DINIZ
PREFÁCIO DE AUGUSTO CURY
Desperte sua obstinação e construa um mindset de sucesso e prosperidade
MENTALIDADE DE RIQUEZA
Gente editora

JANGUIÊ DINIZ
GERENCIE O SEU EMOCIONAL
COMO ADMINISTRAR O SEU IMPÉRIO DE EMOÇÕES
ns

JANGUIÊ DINIZ
MILLION BUSINESS NETWORK – VOLUME 1
MENTORANDO
VIDAS
DE EMPREENDEDORES
OBSTINADOS
Claudio Roberto Bruno de Azevedo
Luciane Macieira Nogueira
Adriana Duarte da Silva
Leandro Torres Cabral
Guilherme Cardoso
Leandro de Moura
Darcio Kitakawa
Bruna Dohashi
Angelo Vargas
Mailson Costa
Junior Borges
Gabriel Vieira
ns

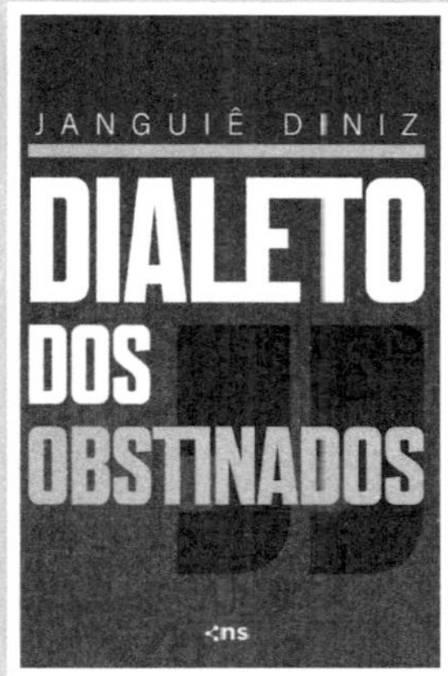
JANGUIÊ DINIZ
DIALETO
DOS
OBSTINADOS
ns

JANGUIÊ DINIZ
MILLION
BUSINESS
NETWORK
Mentorando vidas de empreendedores obstinados
Volume 2
Adriana Duarte · Alison Zigulich · Alisson Ramalho · Amarinho Melo · Ana Laura · Andson Souza · Ângelo Vargas · Carollyne Mota · Cláudio de Azevedo · Daniel Henrique · Dilonei Aguiar · Diogo Rosendo · Emerson Santos · Fernando Ferreira · Gilmar Theobald · Guilherme Libanio · Ivlison Melo · Leandro de Moura · Luciane Macieira · Marcos Maluf · Marcus Vinicius de Morais · Mayara Veloza · Pedro Paixão · Plínio Marakowits · Rafaela Padovezi · Raony Falco · Renata Barbalho · Ricardo Rodrigues · Rosane Assis · Thales Janguiê · Thiago Thag · Victor Abdon · Wilian Pereira
ns

ns
JANGUIÊ DINIZ
STANLEY BITTAR
NEURO
CONE
XÕES
COMO A INTELIGÊNCIA EMOCIONAL E SOCIAL GERAM PROSPERIDADE E RIQUEZA

Este livro foi impresso
pela gráfica Grafilar
em papel lux cream 70 g/m²
em junho de 2025.